지금 이 순간,
우리에게 임하신 | 2007 레노바레 코리아 컨퍼런스 I
하나님 나라

국제제자훈련원은 건강한 교회를 꿈꾸는 목회의 동반자로서 제자 삼는 사역을 중심으로 성경적 목회 모델을 제시함으로 세계 교회를 섬기는 전문 사역 기관입니다.

2007 레노바레 코리아 컨퍼런스 I
지금 이 순간, 우리에게 임하신 하나님 나라

초판 1쇄 인쇄 | 2008년 9월 5일   초판 1쇄 발행 | 2008년 9월 15일

지은이 | 달라스 윌라드, 리처드 포스터, 성영 탠, 이동원, 이철신, 홍정길, 강준민
펴낸이 | 김명호   펴낸곳 | 도서출판 국제제자훈련원

기획책임 | 김건주   마케팅책임 | 김석주
편집책임 | 장병주   편집담당 | 안영주
디자인책임 | 고경원   디자인 | 이금화

등록번호 | 제22-1240호(1997년 12월 5일)
주소 | (137-865) 서울시 서초구 서초1동 1443-26
e-mail | dmipress@sarang.org   홈페이지 | www.discipleN.com
전화 | 편집부 (02)3489-4310 영업부 (02)3489-4300
팩스 | 편집부 (02)3489-4319 영업부 (02)3489-4309

ISBN 978-89-5731-290-2 03230 책값은 뒤표지에 있습니다.

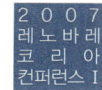

2007
레노바레
코리아
컨퍼런스 I

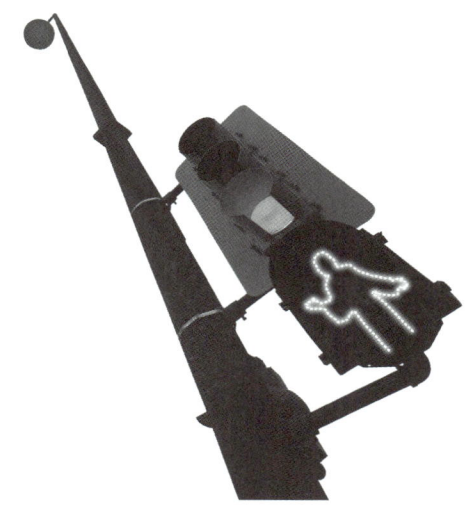

지금 이 순간,
우리에게 임하신
하나님 나라

리처드 포스터 | 달라스 윌라드 | 성영 탠
이동원 | 이철신 | 홍정길 | 강준민

국제제자훈련원

_여는 말

진정한 내면의 부흥을 사모하고 기대하며

1907년 평양대부흥을 기념하는 100주년이 되는 해를 맞이하여 2007년 한 해 동안 부흥을 사모하는 많은 모임들이 이 땅에 있어 왔습니다. 그동안 하나님께서 한국 교회에 베푸신 은혜를 다시 한 번 되새기고, 지난 날 한국 교회의 잘못을 회개하며, 오늘날 한국 교회가 직면한 위기를 돌파할 수 있는 새로운 영적 도약의 초석을 다지는 계기가 되었으리라고 믿습니다.

이러한 때에, 2007년 한 해 동안 진행된 부흥운동을 마무리하고, 하나님께서 원하시는 진정한 부흥, 즉 우리 내면에서 이루어져야 할 영적 부흥이 무엇인지를 함께 모색

하고 사모하는 《레노바레 영성부흥 국제컨퍼런스》를 개최한 것은 한국 교회를 사랑하시는 하나님의 특별한 섭리라고 믿습니다. 추수의 달인 10월, 한국 교회의 상징적인 교회인 영락교회에서 펼쳐진 이 컨퍼런스는 그동안 외적으로 우리에게 다시 한 번 부흥을 사모하게 만들었던 거대한 흐름을 결산하는 시간이었습니다. 특히 이 시대의 영적 스승이자 세계적으로 선한 영향력을 끼치고 있는 리처드 포스터와 달라스 윌라드, 성영 탠을 모시고 함께 나누게 된 것을 매우 기쁘게 생각합니다.

레노바레Renovaré란 '새롭게 한다'는 뜻입니다. 우리의 겉사람은 날로 후패하지만 우리 안에 계신 성령님의 인도하심을 쫓아 진정한 부흥을 사모한다면 우리의 속사람은 날로 새로워질 수가 있습니다. 하나님의 위대하신 일을 사모합시다. 주께서 우리에게 부어 주실 그 은혜를 기대합시다. 그리고 주께서 우리를 새롭게 하셨다고, 한국 교회를 새롭게 하셨다고 간증할 날을 기대합시다.

  하나님 앞에서의 진정한 회개와 엎드림 그리고 다시 일어섬을 통해 주께서 한국 교회에 부어 주실 진정한 영성의 부흥이 있길 소망하며, 이 책이 영적으로 메마른 이 땅에 생수의 강이 다시 흐르게 하는 계기가 되기를 간절히 기도합니다.

이동원 목사　레노바레 영성부흥 국제컨퍼런스 공동대회장

•• 목차

여는 말_ 진정한 내면의 부흥을 사모하고 기대하며 이동원_ 5

1강_ 온 마음을 다해 드리는 헌신 리처드 포스터_ 11

2강_ 온 마음을 다해 드리는 중보기도 리처드 포스터_ 37

3강_ 온 마음을 다해 하나님께 나아가는 담대함 리처드 포스터_ 55

4강_ 하나님 나라에서 가장 귀한 일 리처드 포스터_ 71

5강_ 하나님 나라를 침노하라 달라스 윌라드_ 83

6강_ 예수님께 받는 생명의 능력 달라스 윌라드_ 111

7강_ 성령 안에서 기도하라 달라스 윌라드_ 133

8강_ 그리스도인의 고난과 겸손 성영 탠_ 143

9강_ 그리스도인의 위대한 믿음 성영 탠_ 173

10강_ 상처 입은 치유자 이동원_ 189

11강_ 영적 진보 이철신_ 209

12강_ 고백하는 믿음 홍정길_ 223

13강_ 뿌리 깊은 영성 강준민_ 241

1강 _ 온 마음을 다해 드리는 헌신

•• 리처드 포스터

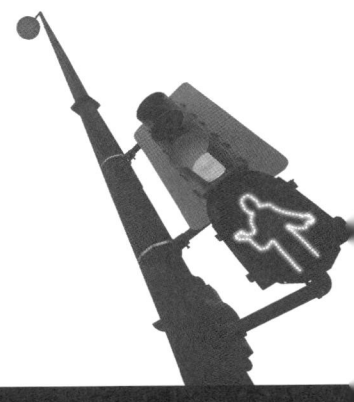

리처드 포스터 Richard J. Foster는
레노바레의 설립자이며, 개인의 영적 삶을 새롭게 하기 위한
저술과 강의로 유명한 영성신학자이자 영성작가이다. 조지 폭스 대학, 프랜즈 대학교,
아주사 퍼시픽 대학교 등에서 성경신학, 조직신학, 영성신학을 강의했다.
저서로는 『영적 훈련과 성장』*Celebration of discipline*,
『기도』*Prayer*, 『생수의 강』*Streams of living water* 등이 있다.

우리 시대의 역사 구조는 눈에 띄게 바뀌고 있다. 아시아 또한 새로운 문화로 성장하고 있음은 말할 것도 없다. 이렇게 변화하는 역사와 시대 구조 속에서 우리의 믿음은 이것을 어떻게 극복하고 힘차게 성장할 수 있을까? 그렇게 하려면 몇 가지 주의할 것이 있다. 먼저 뿌리 깊은 신앙을 가져야 하고, 그것을 뒷받침할 지적 능력도 갖추어야 한다. 또 화해를 위한 신학적 표현이 필요하고, 구체적으로 이런 대화가 초교파적이고 초문화적으로 일어나야 한다. 하나님께서 한국 교회와 한국의 그리스도인들에게 새로운 개념의 기도와 새로운 개념의 화해에 대해 보여 주실 줄 믿는다.

한국은 평양 대부흥 100주년을 맞았다. 한국 교회는 이미 가르침을 잘 받고 예배도 잘 드리고 있다. 이제 성령께서 충만하게 임하시기를 기도해야 할 때이다. 우리가 살펴보아야 할 몇 가지 기도제목이 있다. 첫째는 관계의 회복, 곧 화해이다. 서로에게 증오를 가지고 있거나 여러 가지 갈등이 있다면 속히 회복되기를 기도해야 한다. 둘째는 육체적인 치유이다. 몸이 약한 그리스도인들이 기도를 통해 반드시 건강이 회복되기를 바란다. 셋째는 심령의 치유이다. 우리 마음에는 깨어짐이 있다. 그러나 각자 죄를 고백한다면 하나님과의 친밀한 관계가 회복되고 우리의 심령은 뜨거워질 것이다. 그럴 때 예수 그리스도와 함께 사랑에 빠지는 경험을 하게 될 것이다. 성령께서 역사하실 수 있도록 우리의 마음을 열어 드리자.

현실에 존재하는 하나님 나라

내가 10대였을 때 나는 하나님에 대해 매우 목말라 했다. 그 어떤 것보다도 하나님과 하나님 나라를 갈망하던 때에 이 말씀을 보게 되었다.

"세례 요한의 때부터 지금까지 천국은 침노를 당하나니 침노하는 자는 빼앗느니라" 마 11:12

나는 이 말씀의 의미를 잘 몰랐지만 '침노하는 자'가 되었다. 하나님과 나 사이에 그 어떤 것도 끼어들지 못하게 천국을 갈망했다는 말이다.

예수님은 천국을 얻기 위하여 모든 것을 팔 수 있는 자, 모든 것을 투자할 수 있는 자들이 있다고 말씀하셨다.마 13:44-46 참조 그런데 나는 그런 그리스도인을 만나 본 적이 없다. 하다못해 그 보물을 찾을 수 있는 장소가 어디인지 아는 사람을 만나는 것도 쉽지 않았다. 그래서 천국을 갈망하면서 끊임없이 질문했다. "도대체 천국이 어디에 있습니까? 언제 그것이 오는 것입니까? 천국은 무엇입니까? 우리가 천국에 어떻게 들어갈 수 있습니까? 누군가 속 시원하게 하나님 나라에 대해 가르쳐 주었으면 좋겠습니다."

이렇게 하나님과 하나님 나라를 갈망하면서 연구를 거듭한 결과 몇 가지를 배우게 되었다. 신앙의 선배들이 이야기하는 것처럼 영안이 열리기 시작한 것이다. 내가 첫 번째로 깨달은 것은 현재 우리가 알고 있는 구원과, 예수 그리스도와 그의 사도들이 가르쳤던 구원이 좀 다르다는 사실이었다. 신약 성경에서 예수님과 사도들은 하나님 나라 안에 있는 생명에 대해 이야기하고 있었다. 그들은 하나님 나라란 미래에 다가올 어떤 것이나 우리가 가야 할 하늘나라 어딘가가 아니라 바로 현실에서 구현되는 것이라고 가르쳐 주었다. 우리는 현재 아주 비참한 세상에서 살고 있고 하나님 나라가 도래할 날을 기대한다. 그러나 우리가 기다리고 있던 그것은 이미 현실로 다가왔다. 바로 우리가 하나님 나라 안에 있는 삶을 매일의 현실에서 살아갈 수 있기 때문이다.

물론 하나님 나라에는 미래적인 면이 있다. 예수 그리스도께서 재림하실 때, 모든 것이 다 끝날 그때에 이루어질 하나님 나라가 있다. 그러나 신약 성경이 우리에게 말해 주는 하나님 나라는 오늘 우리에게 임한 그 무엇이다. 우리 가운데 나타난 하나님 나라는 바로 '지금'이다. 내가 그 사실을 깨닫기 시작했을 때 모든 성경이 열리고 진리가 내 안으로 들어왔다. 바로 그것은 "하나님 나라가 가까이 왔다"는 크고도 확실한 진리의 말씀이었다. 하나님 나라가 우리 가운데 있다! 그래서 예수 그리스도에 대한 믿음과 그분을 바라보는 우리의 소망은 미래적인 것일 뿐만 아니라 바로 현재 우리에게 있는 것이다.

> "그런즉 너희는 먼저 그의 나라와 그의 의를 구하라 그리하면 이 모든 것을 너희에게 더하시리라" 마 6:33

나는 항상 하나님 나라가 앞으로 다가올 미래라고 생각했다. 어리석게도 이 말씀을 간과했던 것이다. 하나님 나라와 하나님의 의를 먼저 구하면 그것이 먼 미래가 아니라 곧바로 현실에서 우리에게 모든 것을 더해 주시겠다고 분명히 말씀하셨다. 하나님 나라는 나중에 올 것도 아니요 우리가 하늘나라로 올라가는 것도 아니다.

하늘나라에 가는 것과 하늘나라가 우리에게 임하는 것 중 어느 것이 더 어려울까? 어쩌면 우리는 우리가 죽어서 하늘나라로 가는 것이 더 어렵다고 생각할 수도 있다. 하지만 생각해 보면 죽어서 하늘나라에 가는 것은 그렇게 어려운 일이 아니다. 미국에서 있었던 일인데, 어떤 목사가 성도들을 데리고 천국에 좀 일찍 가려고 자살한 일이 있었다. 이런 해프닝은 어디서 비롯된 것인가? 그리스도인은 반드시 육신의 죽음 이후에 천국에 갈 것이라는 믿음 때문이다. 여기서 분명히 알아야 할 사실은 죽어서 가는 천국이 우리의 신앙 목표는 아니라는 점이다. 그곳은 우리가 결국은 가게 될 마지막 목적지일 뿐이다.

능력으로 임하는 하나님 나라

그리스도인의 삶의 목표는 하나님 나라를 '오늘'에 실현시키며 살아가는 것이다. 우리의 심령이 예수 그리스도의 형상을 따라 변화하는 것이 모든 그리스도인의 목적이다. 그러한 목적을 갖고 살아갈 때 우리는 새로운 삶과 새로운 능력으로 완전히 점령당하게 된다. 로마 성도들에게 보낸 사도 바울의 메시지를 기억하는가?

"하나님이 미리 아신 자들을 또한 그 아들의 형상을 본받게 하기 위하여 미리 정하셨으니 이는 그로 많은 형제 중에서 맏아들이 되게 하려 하심이니라" 롬 8:29

하나님께서 미리 아신 자를 미리 정하사 그들로 예수 그리스도의 형상을 닮게 하셨다고 했다. 그리스도인은 분명히 예수 그리스도의 형상을 닮도록 예정된 사람들이다.

웨스트민스터 소요리문답에는 "사람의 제일되는 목적은 하나님을 영화롭게 하는 것과 영원토록 그를 즐거워하는 것"이라고 나와 있다. 그러나 나는 진정으로 하나님을 기뻐하는 사람을 단 열 명도 만나보지 못했다. 오히려 하나님을 믿는 것을 마치 보험 드는 것처럼 생각하거나 천국행 티켓을 구하는 수단으로 생각하는 사람이 대부분이었다. 물론 진심으로 하나님 나라를 찾는 사람도 있었겠지만 그런 사람들을 개인적으로 거의 만나보지 못했다. 그래서 그것에 대해 끊임없이 회의하고, 갈망하고, 연구하고, 묵상할 때 하나님은 그것을 깨달을 수 있는 통찰력을 주셨다. 고린도전서에 그런 통찰력을 얻게 하는 강력한 말씀이 있다.

"하나님 나라는 말에 있지 아니하고 오직 능력에 있음이라"

고전 4:20

하나님 나라는 '말', 곧 연설에 있지 않고 오직 '능력'에 있다. 여기서 우리는 하나님 나라 안에 있는 생명이 곧 능력과 연관된다는 사실을 알 수 있다. 나는 이 '능력'에 관한 말씀이 성경 어디에나 나온다는 사실을 깨닫게 되었다.

"예수께서 온 갈릴리에 두루 다니사 그들의 회당에서 가르

치시며 천국 복음을 전파하시며"마 4:23상

　나는 이 문장이 여기서 끝나는 줄 알았다. 여태껏 배우고 들었던 모든 성경지식을 통틀어 진리의 반만 이해하고 있었던 것이다. 그러나 이 구절은 여기서 끝나지 않고 "백성 중의 모든 병과 모든 약한 것을 고치시니"마 4:23하라고 하는 데까지 이어져 있다. 예수 그리스도께서는 복음을 가르치셨고 거기에는 능력이 있었다. 여기에는 일종의 패턴이 있다. 예수 그리스도는 하나님 나라에 대해 선포하셨고, 모든 병과 모든 약한 것들을 고치심으로 하나님 나라를 증거하셨다. 먼저 하나님 나라에 대한 '선포'가 있었고 그 다음 하나님 나라의 생명이 '증거'되었다.

　그런데 사람들은 이 말씀을 읽으면서 이렇게 염려한다. '그건 예수님이니까 그렇게 하셨겠지. 내가 뭐 예수님인가?' 예수 그리스도께서 하셨던 것과 같은 일을 자신이 할 수 있다고 생각하는 것은 잘못이라고 판단하기 쉽다. 나 역시 그렇게 고민하고 좌절할 때 성경은 분명한 말씀을 주셨다. 누가복음 9장 1절부터 6절까지의 말씀이 바로 그것이다. 예수 그리스도께서 열두 제자를 파송하시는 장면이다.

"하나님 나라를 전파하며 앓는 자를 고치게 하려고 내보내시며" 눅 9:2

예수님은 제자들에게 예수님과 똑같은 일을 하게 하셨다. 6절을 보면 "제자들이 나가 각 마을에 두루 다니며 곳곳에 복음을 전하며 병을 고치더라"고 증거하고 있다. 예수님의 경우와 같은 패턴이 반복되고 있다. '선포'가 있고 '증거'가 있는데도 우리는 마음의 의심을 버리지 못한다. '예전에는 있었지만 현재 우리가 성경 속 사도가 될 수는 없지 않을까, 사도들이 했던 일을 우리가 할 수 있다고 기대하는 자체가 잘못된 것은 아닐까?' 그렇다면 이어지는 누가복음 10장을 주목해 보라. 여기에는 예수 그리스도께서 70인을 파송하시는 장면이 나온다. 여기 70인은 우리와 똑같은 아주 평범한 사람들이다. 예수님께서 이들을 둘씩 보내시면서 이렇게 말씀하셨다.

"거기 있는 병자들을 고치고 또 말하기를 하나님 나라가 너희에게 가까이 왔다 하라" 눅 10:9

분명 하나님 나라에 대한 선포가 있고 증거도 있다. 17절을 보면 70인이 기뻐하며 돌아와 예수 그리스도께 보고했다고 나오지만 우리는 다시 회의에 빠진다. '아무리 그렇다고 해도 70인은 적어도 예수님 당시의 사람들이 아닌가, 예수님께 직접 가르침을 받았으니 얼마나 능력이 많았을까, 그들이 했던 것을 나도 하리란 기대는 잘못된 것이 아닐까?' 하는 의심과 고민에 빠져 있을 때 나는 다음 말씀을 읽게 되었다.

"내가 진실로 진실로 너희에게 이르노니 나를 믿는 자는 내가 하는 일을 그도 할 것이요 또한 그보다 큰 일도 하리니 이는 내가 아버지께로 감이라" 요 14:12

그래서 더 이상 이 결론을 피해갈 수 없었다. 예수님께서 말씀하고 계신 하나님 나라는 분명히 능력과 연관되어 있다. 나는 그것을 부인할 수 없었다. 그 순간 나는 하나님 나라를 침노하는 자가 되어야겠다고 생각했다. 왜냐하면 이제 하나님과 나 사이에는 그 어떤 것도 가로막을 수 없기 때문이었다.

당신의 나라를 숨기신 하나님의 신비

이런 말이 있다. "권력은 부패할 것이며, 절대 권력은 절대 부패할 것이다." 그런 일들이 역사에서 비일비재했던 것이 사실이다. 그래서 그리스도인들은 능력, 곧 권력과 권세에 대해 두렵고 위험스럽다는 생각을 할 수도 있다. 만약에 그런 능력을 받을 만한 인품과 성품이 준비되어 있지 않다면 그것이 오히려 우리를 망칠 수도 있기 때문이다. 그래서 하나님께서 많은 경우 우리에게 능력을 주시지 않는데, 그것은 바로 우리를 보호하시기 위해서이다. 여러 가지 변화와 거룩으로 준비되어야만 하나님께서 우리에게 능력을 주실 수 있다.

러시아의 대문호 도스토예프스키는 『카라마조프가의 형제들』에서 두 신부를 대조하고 있다. 조시마 신부와 페라폰트 신부가 그들이다. 조시마 신부는 인품이 훌륭하여 사랑과 긍휼을 가진 인물로 불쌍한 사람들에게 직접 다가가 돌보는 사람이다. 선한 목자처럼 사역을 감당하며 모든 사람을 사랑으로 대하는 조시마 신부와 달리 페라폰트 신부는 굉장히 차갑고 목이 곧은 사람이다. 그러나 그에게는 다른 사람이 갖지 못한 능력이 있었다. 페라폰트 신부가 방 안에 들어가면 거기 있던 모든 사람이 두려워 떨었다. 그가 능력이 있다는 것을 모두 알기 때문이다.

우리 그리스도인에게는 이러한 양면이 함께 있어야 한다. 조시마 신부가 가진 사랑과 긍휼, 그리고 페라폰트 신부가 가진 능력이 예수 그리스도 안에 하나로 합쳐져 있는 것을 볼 수 있다. 예수 그리스도는 당시 서기관들과 달리 권세 있는 말씀을 선포하고 가르치셨다. 그러나 동시에 사랑과 긍휼이 넘치는 분이었다.

"상한 갈대를 꺾지 아니하며 꺼져가는 등불을 끄지 아니하고" 사 42:3상

힘이 있는 말씀을 선포하셨던 예수님은 상하고 꺼져가는 약한 것들에게도 사랑을 주셨던 분이다. 그분은 필요가 있는 사람들을 회피하신 적이 없었다. 아주 작고 연약한 자들도 품어 주셨던 분이다. 능력과 사랑과 긍휼이 함께한 것이다.

이런 삶에 대해 계속 배우면서 나는 세 번째 통찰력을

얻게 되었다. 그것은 바로 하나님 나라가 우리에게 임할 때 아주 신비스러운 형태로 임한다는 사실이다. 이상해서 신비스러운 것이 아니라 그 나라가 숨겨져 있기 때문에 신비스러운 것이다. 하나님은 하나님 나라를 우리에게 주시기 전에 어딘가에 그것을 숨겨 놓으셨다. 왜 그렇게 하셨을까? 도대체 하나님은 왜 당신의 나라를 숨겨 놓고 계시는 걸까?

예수님께서는 하나님 나라에 대해 직접 말씀하셨는데 그것은 주로 비유로 기록되어 있다.

다음 구절에는 예수님께서 왜 비유로만 말씀하셨는지 그 이유가 나와 있다.

"그러므로 내가 그들에게 비유로 말하는 것은 그들이 보아도 보지 못하며 들어도 듣지 못하며 깨닫지 못함이니라 이사야의 예언이 그들에게 이루어졌으니 일렀으되 너희가 듣기는 들어도 깨닫지 못할 것이요 보기는 보아도 알지 못하리라" 마 13:13-14

하나님께서는 먼저 우리의 내면세계가 완전히 하나님

의 영으로 점령이 되어서 그 나라를 맞을 준비가 되었을 때 보여 주려고 하나님 나라를 감추어 두셨다. 우리의 내면세계가 완전히 성령으로 지배당하고 있지 않다면 하나님 나라에 대한 모든 가르침은 우리에게 큰 상처를 줄 수 있기 때문이다. 우리가 하나님께 완전히 지배당할 준비가 되었을 때 하나님 나라는 임한다. 그래서 나는 천국을 침노하는 자가 되어야겠다고 결심하고 이렇게 기도했다. "하나님, 나에게 오시옵소서. 나를 다스려 주시옵소서. 나를 이겨 주시옵소서. 나를 가르쳐 주시옵소서. 나를 인도해 주시옵소서. 나를 깨뜨려 주시옵소서. 그래서 하나님 나라를 소유하는 자가 되게 하여 주시옵소서."

보화를 소유하게 하시는 하나님

보아도 보지 못하며 들어도 듣지 못하며 깨닫지 못하는 우리에게 하나님이 원하시는 바가 있다. 우리 모두 한마음으로 하나님을 갈망하는 것이다. 이것이야말로 하나님의 강력한 소원이다. 하나님께서 당신의 나라를 그냥 주시지 않은 이유는 우리가 들어도 변하지 않기 때문이다. 우리의 습관은 변하지 않는다. 우리의 변화가 바로 천국 문을 여는 열쇠인데도 말이다.

우리는 변화를 갈망하는 마음이 뜨겁지 않다. 만약 지금 우리 앞에 폭탄이 설치되어 있어 몇 분 후에 터진다고 한다면 우리의 마음과 행동이 얼마나 갈급해지겠는가? 그러나 지금 아무도 그것을 실제상황이라고 여기지 않기 때문에 피하려 하지 않는다. 듣기는 들어도 자신을 움직이게 만드는 들음은 없기 때문이다. 우리 삶이 변화할 줄 모르는 원인이 여기에 있다. 예수 그리스도의 말씀을 듣고도 갈급함이 없기에 그 말씀대로 행동하지 않는 것이다.

예전에 나는 미국 서북부의 오리건 주에 살고 있었다. 그곳은 아름다운 나무들이 울창한 고장이다. 반면, 중부의 캔자스 주에 있는 위치타Wichita는 아무것도 없는 평범한 곳이다. 그런데 주님은 나에게 위치타에 가서 살라고 명령하셨다. 나는 당연히 거절했다. 아름다운 고장을 떠나 평범한 곳으로 가고 싶지 않았기 때문이다. 그러자 주님께서 다시 말씀하셨다. '리처드, 캔자스 위치타로 이사 가라.' 나는 다시 반항했다. '주님, 거기는 들개들만 사는 곳이거든요. 그래서 저는 안 갑니다.' 주님께서 또 말씀하셨다. '거기 가서 살라니까.' 나는 생각을 고쳐먹고 주님의 말씀을 받들었다. '알았어요, 주님.'

내 마음과 행동이 왜 바뀌었는가? 그것은 주님의 목소리가 작아지는 것이 아니라 내 귀가 멀어져 가고 있다는 사실을 문득 깨달았기 때문이다. 나는 주님의 음성이 더 이상 들리지 않을까봐 두려웠다.

이처럼 하나님께서는 우리가 말씀에 순종할 때까지, 아니면 영적인 귀가 먹어서 들리지 않을 때까지 말씀하신다. 우리가 사업을 하다가 혹시 조금은 남을 속이는 일을 할 수도 있다. 그러면 주님께서 곧바로 그것에 대해 계속 지적하실 것이다. 그런데 거기에 양심의 가책을 느끼면서도 우리가 아무런 행동의 변화를 보이지 않는다면 우리는 더 이상 주님의 음성을 듣지 못하게 된다. 그리고 우리는 그 일을 거리낌 없이 하게 된다. 이쯤되면 정말 위험한 단계에 이른 것이다. 바로 이때 우리는 하나님께 우리를 정복해 달라고 기도해야 한다. 또한 영적 귀머거리와 눈먼 자가 되기 전에, 주님의 음성이 들릴 때마다 순종하는 심령을 달라고 기도해야 한다.

천국을 발견한 사람의 모습은 어떠할까? 그에 대한 비유가 마태복음에 나온다.

"천국은 마치 밭에 감추인 보화와 같으니 사람이 이를 발견한 후 숨겨 두고 기뻐하며 돌아가서 자기의 소유를 다 팔아 그 밭을 사느니라" 마 13:44

이 말씀을 그림 그리듯 떠올려 보자. 밭을 갈고 있는 한 농부가 있다. 땅을 일구고 있는데 무언가 세게 부딪히는 소리가 났다. 그곳을 파보니 큰 상자가 나왔고 그 상자 속에는 엄청난 보화가 들어 있었다. 농부는 상자를 닫고 다시 땅에 묻었다. 그리고 집으로 달려가 아내에게 재산을 다 팔아 그 땅을 사야 한다고 다급히 말했다. 아내는 농부에게 제정신이 아니라며 펄쩍 뛰었다. 그러자 농부는 이렇게 말한다. "아니야, 이것은 큰 기쁨이야."

우리가 언제 가장 비참할까? 감춰진 보화를 보지 못할 때이다. 농부가 발견한 것은 '기쁨'이고 '보화'다. 우리가 비참해지는 것은 그 보화를 발견하지 못했을 때이다. 보화는 하나님 나라 안에 있는 생명이다. 우리가 그 보화를 발견했으므로 그 '기쁨'은 곧 우리의 '삶'이 된다.

여기서 우리는 또 하나의 깨달음을 얻을 수 있다. 그 땅에 묻힌 '보화'를 슬쩍 가져올 수는 없다는 사실이다. '보화'가 묻힌 그 땅은 반드시 값을 지불하고 사야만 한다. 그렇게 하려면 여러 가지 이상한 일들이 벌어질지도 모른다. 보화를 발견한 농부가 이성을 잃고 들뜰 수도 있다. 또 이 일을 매우 이상하게 여기는 가족과 이웃들이 농부를 막을 수도 있다. 그러나 농부는 그 땅 속에 무엇이 있는지 알고 있기에 확신에 차 있다. 그래서 하나님 나라의 생명이 그 안에 있기 때문에 모든 것을 다 팔아서 그것을 얻기 원한 것이다. 거기에 있는 것은 의와 화평, 평안과 희락이었고 농부는 결국 그것들을 소유했다.

하나님 나라의 생명

이와 같은 맥락에서 주목할 만한 또 다른 비유의 말씀이 있다.

"또 천국은 마치 좋은 진주를 구하는 장사와 같으니 극히 값진 진주 하나를 발견하매 가서 자기의 소유를 다 팔아 그 진주를 사느니라" 마 13:45-46

보석 전문가인 한 상인이 있다. 그는 진주를 사고팔 뿐만 아니라 좋은 진주를 많이 가진 사람이다. 그러나 그 정도에 만족하지 못하고 정말 위대한 진주를 발견하고 싶어 했다. 우리는 여기서 '만족하지 못하는 만족'에 대해 생각해 볼 수 있다. 우리는 이미 주어진 것에 감사하지만 금세 무언가 더 귀하고 값진 것이 있을 거라 여기며 그것을 갈망하게 된다. 더 깊은 하나님의 사랑, 더 많은 하나님의 능력, 우리 삶 가운데 임하시는 더 큰 하나님의 사랑을 원하고 있지 않는가?

우리는 어떤 진주에 만족하는가? 어떤 사람들은 책을 읽으면서 심오한 교리에 빠져든다. 칭의와 성화와 영화에 대해, 또 구원론과 종말론과 교회론에 대해 모르는 것이 없을 정도이다. 그것은 아주 좋은 '진주'이다. 그러나 그보다 더 좋은 무언가가 있다. 바로 '하나님 나라의 생명'이다. 그런데도 아주 작은 것들에 만족해서 인생을 다 허비하는 사람들이 많다. 그리스도인은 '하나님 나라의 생명'을 갈망해야 한다.

많은 사람들이 만족하고 있는 '진주'는 무엇일까? 그것은 세상이 말하는 '도덕'일 수 있다. 판단하고 선택해야 할 상황에서 사람들은 도덕을 중시한다. 그러나 그것은 단지 세상의 법일 뿐이다. 그리스도인은 종이에 쓰인 법이 아니라 심령에 새겨진 하나님의 법을 갈망하는 사람이어야 한다. 우리 내면세계는 속사람이 완전히 바뀜으로 말미암아 예수님께서 우리에게 명령하고 계신 모든 것을 자연스럽게 행할 수 있는 능력을 가져야 한다. 그것이 바로 우리가 찾고 있는 '생명력'이다.

어떤 사람들은 아주 조그만 진주에 만족을 느끼기도 한다. 예를 들면 종교적 체험 같은 것이다. 어느 집회에 가서 영적인 체험을 하고 나면 그것이 전부인 줄 안다. 그러나 우리는 그 정도로 만족해서는 안 된다. 사실 종교적 체험은 우리를 더 갈증나게 할 뿐이다. 하나님 앞에서 우리는 가난한 심령으로 배고프다고, 죽을 지경이라고 고백해야 한다. 하나님과 우리 사이에 아무것도 있지 않은 그런 상태까지 들어가서 "우리는 생명을 원합니다"라고 외쳐야 한다.

이전 세대를 살던 한 위대한 설교자의 이야기이다. 하루는 아주 큰 집회 장소에서 많은 사람들이 모여 있는 가운데 '예수의 권력'이라는 제목으로 설교를 했다. 위대한 연설가만이 할 수 있는 위대한 설교를 했다. 그의 논리는 대단해서 누구도 거부하거나 반박할 수가 없었다. 게다가 그의 연설은 드라마틱하기까지 했다.

"예수 그리스도는 우리의 주님이십니다"라는 주제로 위대한 연설을 마친 다음이었다. 사람들이 다 돌아가고 난 뒤 그는 예배당 구석에 앉아 울고 있는 한 소녀를 발견했다. 그는 소녀에게 다가가 자신이 도와줄 것이 있느냐고 물어 보았다. 소녀는 이렇게 고백했다. "목사님의 설교 말씀에 오늘 큰 도전을 받았습니다. 저로서는 목사님의 논리를 반박할 수 없답니다. 그 진리가 너무 강렬하게 다가왔으니까요. 그런데 저는 두려워요. 제가 예수님을 주님으로 모셔 들인다면 제 모든 행동을 바꿔야 할 텐데 그게 너무 두려워요. 주님께서 제게 제가 하기 싫어하는 일을 시키실까봐, 또 제가 할 수 없는 일을 시킬까봐 정말 두렵습니다."

소녀의 말을 다 들은 목사님은 지혜롭게 성경을 펼쳐들

었다. 사도행전 10장이었다. 베드로가 욥바에 있을 때 본 환상에 대한 말씀이었다. 옥상에 올라가 기도하는 베드로에게 하나님은 환상을 보여 주셨다. 유대 문화에서 부정하다고 말하는 짐승들이 보자기에 담겨 있었고 주의 음성이 들려왔다. "베드로야, 일어나서 그것들을 잡아먹어라." 베드로가 말했다. "아니요. 주님, 안 돼요." 두 번째 보자기가 또 내려왔다. 그 안에는 또 부정한 짐승들이 있었다. 주님께서 말씀하셨다. "베드로야, 일어나서 그것을 잡아먹어라." 베드로는 이번에도 역시 거부했다. "아니요, 그렇게 할 수 없어요." 다시 세 번째 보자기가 내려왔다. 주님은 세 번째에도 베드로에게 그것을 먹으라고 하셨다.

목사님은 사도행전 10장의 말씀을 다 읽고 나서 소녀에게 그 의미를 설명해 주었다. 주님께 우리는 "아니오"라고 말할 수 있고 그러면서 "주님"이라고 부를 수도 있다는 것이다. 그러나 우리가 곰곰이 생각해 본다면 우리의 주인 되시는 주님께 우리가 절대로 "아니오"라고 답할 수가 없다.

목사님은 소녀에게 말했다. "내가 자매에게 내 성경책을 드리겠어요. 그리고 볼펜도 같이 줄게요. 나는 다른 방에 가서 자매를 위해 기도할 테니 자매는 이 펜을 가지고 여기 나오는 베드로와 주님의 대화에서 '아니오'든 '주님'이든 둘 중 하나를 지우세요." 잠시 후 목사님이 소녀에게 다시 왔을 때 소녀는 성경책을 펼쳐든 채 눈물을 흘리고 있었다. 목사님은 소녀의 어깨 너머로 그 성경책을 살펴보았고 거기에는 '아니오'가 지워져 있었다.

하나님 나라를 침노하기 원한다면, 온 마음을 다해 주인 되신 주님께 나아가기 원한다면 이렇게 기도하자.

하나님 나라는 침노하는 자의 것입니다. 그것은 주님과 우리 사이에 그 어떤 것도 끼어들거나 방해할 수 없다는 뜻입니다. 우리가 하나님 나라를 향하여 질주할 수 있도록 도와주시옵소서. 하나님 나라 안에 있는 그 생명이 얼마나 아름답고 위대한 것인지 우리가 경험할 수 있도록 도와주시옵소서. 하나님 나라를 소유하기 위해 우리의 모든 소유를 기꺼이 기쁜 마음으로 헌신할 수 있게 도와주시옵소서.

우리에게 생명을 주신 주님, 감사합니다. 우리가 전심으로 하나님을 갈망하오니 우리에게 당신이 가지고 계신 그 생명의 나라를 허락해 주시옵소서. 살아 계신 하나님, 우리가 어디에 있든지 주님의 생명으로 살아갈 수 있도록 도와주시옵소서. 성령이여 오시옵소서. 사랑과 능력 가운데 우리에게 다가오시옵소서. 예수님의 이름으로 기도드립니다. 아멘.

2강_ 온 마음을 다해 드리는 중보기도

•• 리처드 포스터

Richard J. Foster

기도는 이 세상에서 가장 강력한 힘이다. 참된 기도의 중요성과 기도의 능력을 깨닫는다면 우리의 기도 영성이 깊어지고 넓어지게 된다.

기도는 마음에 관한 것이다. 내면의 마음을 정리하는 작업이 바로 기도이다. 모든 인생에는 숨겨진 부분이 있기 마련이다. 다른 사람들이 볼 수 없는 부분이 분명히 있고, 우리 자신조차 자기 안에 있는 것을 보지 못할 때가 있다. 내 마음을 내 마음대로 할 수 없고, 다른 사람의 마음도 내 마음대로 조정할 수 없다. 그것은 하나님이 하실 일이다. 그래서 우리는 하나님이 우리의 마음을 녹이시고 만지시고 새롭게 해주실 것을 구해야 한다. 이것은 우리에게 진리이고 다른 사람들에게도 진리이다.

우리가 누군가를 정말 깊이 사랑하면 우리 능력으로 해줄 수 있는 것보다 더 많은 것을 해주고 싶어 한다. 그렇게 할 수 있는 방법은 오직 기도밖에 없다.

기도에 집중할 때 우리는 우리가 할 수 있는 가장 위대한 일을 하고 있는 것이며, 하나님께 마음을 드리는 사역을 하는 것이다.

주님의 음성을 듣는 기도

기도를 하는 사람은 기독교 영성의 핵심에 있는 사람이다. 도움이 필요한 사람들은 우리의 기도를 갈망하고 있다. 다른 사람을 위한 기도에 대해 네 가지를 함께 나누기 원한다. 첫 번째 우리가 해야 할 것은 듣는 것이다. 우리는 들어야 한다. 프랑소와 페늘롱은 이렇게 말했다.

"잠잠히 하나님의 음성을 들으십시오. 고요한 마음으로 나아와 성령이 당신의 자세에 감동받고 기뻐하게 하십시오. 당신 안에 있는 모든 것이 하나님의 음성을 듣게 하십시오. 그분의 음성을 듣기 위해서는 다른 사람들의 생각과 세상을 향한 마음을 잠잠하게 하는 것이 절대적입니다."

키에르케고르는, 사람이 기도할 때 말로 하는 것이라고 생각하지만 기도를 하면 할수록 잠잠하게 되며 결국에는 듣게 된다고 했다. 기도란 주님의 음성을 듣는 것이다. 하나님의 사랑의 음성, 놀랍고 신비스럽고 두렵도록 아름다운 그런 음성을 듣는 것이 기도다. 우리는 그분의 음성을 듣기 위해 우리 삶 속에 일어나는 작은 일들에 대해서 주의 깊게 바라보아야 한다.

　아주 작은 골방에 들어가서 3일 동안 금식하며 육체적인 문제가 있는 두 사람을 위해 기도한 적이 있다. 한 분은 연세가 많아 다리의 관절로 고생하는 분이었고, 다른 한 사람은 병원에서 암으로 죽어가고 있는 젊은이었다. 그들을 위해 기도할 때 하나님께서 내게 많은 말씀을 주셨다. 그런데 그 할머니는 관절염으로 계속 고생하셨고 암으로 고생하던 젊은이도 병원에서 죽게 되었다. 물론 그 형제가 죽기 전에 예수 그리스도를 영접했다는 사실은 너무 감사하지만, 그들이 건강해지기를 기도하던 나는 굉장히 낙심이 되었다. "아, 나는 아직 배울 것이 너무나 많은 사람이구나." 바로 그 때 내가 하나님의 음성을 들어야 한다는 것을 깨달았다. 그래서 이렇게 기도했다. "살아 계신 하나님, 지금 제가 주님께 들어야 할 말씀이 있다면 들을 수 있도록 귀를 열어 주십시오. 육성이 아니라도 괜찮습니다. 제가 이해해야 할 많은 것들이 있음을 알고 있습니다." 그 때부터 나는 하나님의 음성에 귀를 기울이는 삶을 살겠다고 결심하게 되었다.

그 다음날 저녁에 달라스 목사 부부와 만나게 되었다. 그들은 내게 루터 교회에서 어떤 여 집사가 기도에 대한 간증을 하는데 함께 가서 들어보자고 제안했다. 달라스 목사는 침례교였고 나는 퀘이커교 목사였는데, 루터 교회에 가서 간증을 듣자니 좀 망설여졌다. 망설이는 나를 보고 달라스 목사는 이렇게 말했다. "오늘 저녁에 간증할 그 집사님이 우리와 다른 점이 뭐냐 하면, 그 집사님이 기도하면 하나님께서 들으신다는 것일세!" 마지못해 따라나선 나는 내키지 않는 마음으로 그 교회 2층에 앉아 그녀의 간증을 들었다. 목사이자 교수로서 기도에 대해 더 많이 알고 있는 우리가 왜 굳이 그녀의 이야기를 들어야 하는지 도무지 이해가 되지 않았다.

그녀의 간증은 계속되었다. "여러분, 기도를 배우기 원하신다면 절대 어려운 부분부터 기도하지 마세요. 예를 들어서 관절염이나 암같이 엄청난 병을 고쳐 달라고 하지 마세요." 이 말을 듣고 나는 너무 놀라 2층에서 떨어질 뻔했다. 그녀는 작은 것부터 기도를 시작하는 것이 좋다고 제안했다. 그때부터 나는 집중해서 듣기 시작했고 기도에 대한 중요한 가르침을 얻게 되었다. 즉 작은 것에 관심을 가지고 먼저 기도해야 우리가 믿음 안에서 성장할 수 있다는 것이다. 이것은 아주 오래 전 일이지만, 내가 기도 안에서 성장하게 된 중요한 계기가 되었다.

미국에 조지 워싱턴 카버George Washington Carver라는 과학자가 있었다. 그는 기도를 자주 하고 많이 하는 기도의 사람이었다. 그는 하나님을 "미스터 창조주"라고 불렀다. 그가 숲에서 기도할 때 하나님께 "미스터 창조주, 왜 이 세상을 만드셨나요?"하고 물었다. 그러자 하나님의 음성이 들렸다. "작은 자야, 너의 질문이 너무 크구나." 그 다음날 저녁에 그는 다시 하나님께 물었다. "그렇다면 미스터 창조주, 사람은 왜 만드셨습니까?" 다시 하나님 음성이 들렸다. "조그만 녀석이 어려운 질문만 하는구나." 그 다음날 그는 또 이런 기도를 했다. "미스터 창조주, 그렇다면 도대체 땅콩은 왜 만드셨어요?" 그제야 하나님은 이렇게 말씀하셨다. "오 그래, 그 정도 질문은 너에게 참 합당하구나!" 그래서 카버 박사는 평생 동안 땅콩을 연구해서 300여 가지 식품과 의약품을 만든 위대한 과학자가 될 수 있었다. 작은 것부터 시작하라는 것이 하나님께서 우리에게 기도에 대해 가르쳐 주시는 큰 교훈이다.

하나님께 구하는 기도

 두 번째 가르침은 기도란 구하는 것이라는 사실이다. 기도는 분명히 하나님 앞에 무엇인가를 명확하게 구하는 어떤 도구이다. '만약 이렇다면, 혹은 그렇지 않다면'이란 가정은 있을 수 없다. 하나님의 인도하심을 받기 위한 기도는 우리 자신의 믿음을 필요로 한다. 우리는 항상 이런 기도를 한다. "나를 위한 하나님의 계획은 도대체 무엇입니까? 어떻게 인도해 주실 건가요?" 그러나 우리가 도달하는 결론은 '인간은 결국 모든 것을 명확하게 알 수 없다'는 것과 '인간이 항상 틀릴 수 있다'는 것이다.

 노르위치의 줄리안Julian of Norwich이 하나님께 들은 음성이다. "나는 네가 하는 간구의 기반이 된다. 먼저 나의 뜻은 너희가 구하는 것을 다 주는 것이다. 나는 너희에게 소망하는 마음을 갖게 해서 그것을 나에게 구하도록 만들 것이다. 그러니 어떻게 너희가 구하는 바를 얻지 못하는 일이 있을 수 있겠느냐?"

 하나님은 당신의 생각을 우리 마음 가운데 새겨 주신다. 그리고 그것을 열망할 마음의 소원까지 주시고, 그것을 간구할 능력과 지혜도 우리에게 주신다. 우리는 그 모든 것을 구하면 된다. 기도는 자동반사 같은 작용이다.

어느 설교 시간에 비극에 관한 말씀을 전하고 있을 때 나는 얼굴이 사납게 생긴 40대 중반의 남자가 눈물을 흘리고 있는 것을 보았다. 설교가 끝나자 그가 내게 이야기를 하고 싶다고 청했다. 나는 그때 혈기왕성하고 교만해서 누구든지 그리스도인으로 만들 수 있다는 착각을 하던 시절이었다. 그러나 그 남자가 자신의 심령을 다 쏟아 하는 이야기에 나는 아무 말도 할 수 없었다. 그는 자신이 26년 동안 우울증으로 얼마나 고생했는지 말해 주었다. 새벽에 벌떡 일어나서 소리를 지르고 식은땀을 흘리며 잠을 거의 자지 못하는 세월을 보냈다고 했다. 사람이 잠을 자지 못할 때 그 괴로움이 얼마나 심한지 아는가? 그리고 그는 사람들이 많이 모여 있는 것이 두려워서 26년 동안 한 번도 교회에 오지 못했고, 그날이 처음이라고 했다.

도대체 26년 전에 그에게 무슨 일이 있었던 걸까? 세계 2차 대전이 한창이던 당시 그는 이탈리아의 특공대 대장으로 전쟁에 참전했다. 서른세 명과 함께 사명을 가지고 나갔다가 적지에서 완전히 고립되었다. 그때 그는 하나님께 구해 달라고 정말 간절히 기도했다. 그러나 하나님의 도움은 오지 않았다. 두 명씩 부하를 밖으로 내보냈는데, 자기 눈으로 부하들이 죽는 것을 목격할 수밖에 없었다. 그의 마음이 얼마나 무너져 내렸을까? 그는 영혼을 쥐어짜는 듯한 고통을 겪고 그 상처를 마음 깊이 안게 되었다. 결국 여섯 명과 함께 생존했으나 그 중 네 명은 몸이 망가져 버렸다고 한다.

그런 경험을 하고 난 뒤로 그는 무신론자가 될 수밖에 없었다. 그러나 진정한 무신론자는 아니었다. 단지 그 마음 가운데 분노와 죄책감이 있을 뿐이었다. 나는 그의 이야기를 듣고 나서 "예수 그리스도를 믿지 않으십니까? 그분께서 당신의 마음 가운데 오셔서 모든 상처를 치유하시고 당신을 자유하게 해주실 분이라는 것을 믿지 못하십니까?"라고 말하며 그에게 다가가 어깨에 손을 대고 기도했다.

"예수님은 이 형제가 어떤 고통을 당했는지 다 알고 계시지 않습니까? 예수님이 26년 전 그곳에 같이 계셨다고 말씀해 주시지 않겠습니까? 예수님께서 이 형제를 돌봐주실 거라고 말씀해 주십시오. 그곳에서 품었던 분노, 죄책감, 두려움을 모두 가져가 주시고 이 형제를 치유해 주십시오. 만약 하나님이 함께해 주셔서 이 형제를 치유해 주셨다면 그 증거로 오늘 저녁 이 형제가 잠을 잘 잘 수 있는 은혜를 주세요." 기도를 마치고 나서 한 30분쯤 지나자 그는 자기 아내에게 이렇게 말했다. "내가 기분이 한결 나아졌어. 26년 동안 내가 이런 말을 한 적이 없었잖아?"

나는 그에게 요한복음을 읽으라고 말해 주었다. 그는 마음이 평안한 상태로 돌아갔다. 그것이 목요일 저녁이었는데 그는 주일날 예배를 드리러 교회에 다시 왔다. 그는 땅에 발이 닿지 않은 것처럼 들떠 있었다. 나에게 다가와서 나를 안고 번쩍 들어 올렸다. "리처드 목사님, 지난 3일 동안 정말 잘 잤어요." 그의 말을 듣고 나는 하나님 앞에 의아해 하며 울부짖었다. "하나님, 제가 한 일이 아무것도 없잖아요. 아직 요한복음도 안 읽어 줬어요. 아니 도대체, 내가 갖고 있는 전도시스템을 사용하지 않았는데 어떻게 역사하신 거예요?"

나는 그에게 다음 목요일에 다시 만나자고 했다. 내가 확신하고 있는 전도시스템으로 그를 전도하고자 하는 마음에서였다. 그러나 이미 내가 할 수 있는 일은 없었다. 왜냐하면 그는 이미 요한복음을 세 번이나 읽었기 때문이다. 내가 그를 가르치는 것이 아니라, 오히려 그가 나를 가르쳤다. 요한복음에 이런 말씀이 있는 것을 아느냐고도 했고, 다른 말씀에 있는 부분도 예를 들어 설명하기까지 했다. 그는 성경에 '니고데모'라는 사람이 나오는데 그가 거듭나야 된다고 말하며 요한복음 3장을 펼쳤다. 그리고 니고데모에 대해 나에게 설교를 했다.

'구원받는 믿음'이 이미 그 안에 자리잡고 있었다. 나의 전도시스템을 사용하지 않았는데도 말이다! 나는 나의 전도시스템을 사용해 보고자 그의 아내를 전도 대상자로 삼았다. 그러나 이미 그녀도 남편을 통해 '구원받는 믿음'을 가지고 있었다.

물론 그렇게 기적적으로 신앙생활을 시작한 그도 그 후로 우리와 같은 신앙의 굴곡이 있었다. 그러나 두려움과 우울증은 그에게서 완전히 떠나갔다. 내가 요한복음을 읽어 주지도 않았지만 하나님 앞에 간단하게 구했기 때문에 하나님께서 응답해 주신 것이다.

하나님을 믿고 감사하는 기도

우리가 기도할 때 첫 번째는 들어야 하고, 두 번째는 구해야 하며, 그 다음 세 번째는 믿어야 한다. 믿을 때는 내 삶 전부와 전 인격을 걸고 믿어야 한다. 우리의 문제는, 하나님 앞에 나와 열정적으로 기도하면서 '믿습니다'가 안 되니까 '믿쑵니다'로 하다가 그것도 안 되어서 '믿쑵니다'라고 한다는 점이다. 왜 자꾸 힘주어 말하는가? 안 믿어지기 때문이다. 우리는 하나님 앞에 구하기 시작하면서 자신이 꿈꾸는 그림을 그린다. 이에 반해 테레사 수녀는 기도하면서 마음에 예수 그리스도를 그리는 방법을 배우게 되었다고 했다. 자신의 영은 이러한 훈련을 통해서 많은 것을 얻게 되었는데, 스스로 무엇을 구하는지 모르면서 기도하는 훈련을 시작했기 때문이라고 한다.

이혼 문제를 다루는 변호사가 있다. 부부가 들어와서 그 변호사에게 이혼을 신청하면 그는 그들을 위한 기도 프로젝트를 시작한다. 물론 그들에게 직접적으로 '기도'라는 단어를 쓰지는 않지만, 그들을 위해 내면으로 기도하기 시작한다. 그들을 위해 무엇을 기도할 수 있을지 비밀스럽게 적는다. 그러고 나면 남편과 아내 사이에 있는 너무나도 큰 벽을 보게 되고, 그는 주님께 부부 사이에 있는 벽을 하나씩 내려 달라고 기도한다. 물론 그들과 상담하는 동안 계속 마음속으로 그런 기도를 한다. 그는 또 이 부부가 다시 친해져서 사랑과 화해로 집을 짓는 그런 아름다운 가정을 상상한다. 그리고 아주 아늑한 거실에서 부부가 아름답게 손을 잡고 있는 모습도 상상한다. 그렇게 해서 이 변호사는 이혼 직전에 있던 부부들을 많이 구했다. 물론 항상 그런 것은 아니지만 하나님께서 이런 기회를 종종 주신다고 한다. 이혼 직전에 있는 단 한 커플이라도 구해 낸다면 이 얼마나 귀하고 아름다운 일인가.

한 교사가 있다. 그 교사가 가르치는 학생들 가운데 감정이 깨어진 아이들이 있다. 그 아이들이 교사의 기도 프로젝트가 된다. 한 아이가 교실을 어지럽게 할 때 교사는 그에게 가서 안아 주며 그를 위해 기도한다. 물론 마음속으로 말이다. 그렇게 그 아이를 안고 다른 아이들도 가르친다. 그러면 그렇게 장난을 치던 아이가 아주 조용해지는 것을 볼 수 있다. 때로 쉬는 시간에 어떤 아이가 담장 위로 올라가서 위험하게 매달리는 일도 있다. 내려오라고 해도 그 아이는 말을 듣지 않는다. 이런 일들을 해결하기 위해서 그 교사의 기도 프로젝트가 시작된 것이다.

교사는 말썽을 부리는 아이에게 "너 야구하면서 홈런 쳐 본 적 있어?"라고 묻는다. 교사의 말에 흥미를 느낀 아이는 "아니요, 그런데 홈런은 한번 쳐 보고 싶어요"라고 대답한다. "자, 그렇다면 이런 상상을 한번 해봐. 네가 타석에 들어섰어. 그리고 홈런을 쳤어. 1루, 2루, 3루를 돌아오는데 친구들이 다 너를 반겨 주고 있어." 교사는 이렇게 상상기도를 하면서 아이들이 따라오도록 인도한다. 그 학교에 감정적으로, 정신적으로 어려운 학생들이 스물다섯 명이나 있었는데 그 중 스물세 명이 상태가 좋아져서 일반 학교로 돌아갈 수 있었다고 한다. 이 얼마나 아름다운 일인가. 하나님께서 하실 수 있는 일을 우리가 상상하며 기도하면 이런 일들이 일어난다.

아이들에게 기도에 대해 가르쳐 주는 시간이었다. 열 살쯤 되어 보이는 소년이 개를 위해 기도하겠다고 했다. 소년은 자기가 신문을 배달하는 집에 사나운 셰퍼트 한 마리가 있는데 그 개가 하도 짖어서 자신이 매번 너무 놀란다고 했다. 소년은 그 개를 위해서 기도했다. 그리고 다음날, 세퍼트가 여전히 소년에게 마구 짖어대자 소년은 그 개에게 이야기하기 시작했다. "하나님이 너도 사랑하시고 나도 사랑하시거든. 그러니까 나도 너를 사랑해." 그런데 갑자기 세퍼트가 꼬리를 내리고 가만히 있었다. 그 후로 소년은 그 개와 친한 친구가 되었다. 강아지를 위해서 기도해 본 적이 있는가? 없다면 한번 해보라. 물론 응답이 안 될 수도 있지만 그것은 재미있는 경험이 될 것이다.

병든 한 소년에게 기도해 주기 위해 그 가정을 방문한 적이 있다. 그 방에는 소년의 여동생이 오빠의 병을 걱정하며 울고 있었다. 나는 어린 동생에게 "오빠 마음에 나쁜 군인들이 있어서 자꾸 오빠를 때리는 것 같구나. 우리가 오빠 몸에 손을 얹고 그 위에 예수님이 손을 얹고 계신 것을 상상하며 함께 기도해 볼까?"라고 했다. 동생은 기뻐하며 그 제안을 받아들였다. 나는 다시 이렇게 제안했다. "예수님 안에 있는 아주 선한 군사들이 오빠의 마음 안으로 들어가는 것을 상상해 볼래? 그 안에서 아주 큰 전쟁이 있지만 예수님의 선한 군사들이 이기게 될 거야. 자, 그 상상을 하면서 계속 기도하자." 어린 동생이 그 상상에 몰입해서 오빠를 위해 전심으로 기도했다. 다음날 소년은 완벽히 치유되었다. 나는 분명 이것이 어린 동생의 상상과 순진한 기도에 대한 응답이라고 믿는다. 어린아이들은 굉장한 능력을 갖고 기도할 수 있다.

우리가 기도할 때 들으면서 기도하고, 간구하며 기도하고, 믿으면서 기도해야 한다는 것을 잘 알고 있다면, 그 다음 네 번째로 알아야 할 것은 하나님께 감사를 드려야 한다는 점이다. 우리가 누군가를 위해 기도하는데 그 사람이 여전히 어렵고 아픈 가운데 있다면 우리는 "하나님, 아직 문제가 해결되지 않았지만 하나님의 응답이 오고 있는 줄로 믿고 감사드립니다. 아멘"이라고 기도할 수 있다. '아멘'이라고 외치는 것은 굉장히 능력 있는 반응이다. '그렇게 될 줄로 믿습니다'라는 의미이기 때문이다. 영성신학자 피터 테일러 포사이스의 말처럼 기도는 우리가 예수 그리스도의 제자가 되어서 첫 번째로 예수님과 함께 실험하는 그 무엇이다.

우리는 기도에 대해 배웠을 뿐만 아니라 이미 기도를 경험하기도 했다. 기도를 할 때 우리는 들어야 하고 구해야 하며 믿어야 한다. 그리고 마지막으로 하나님의 응답에 감사해야 한다. 우리는 기도하기를 원한다. 우리가 자신을 위해 기도하기 원하는 만큼 다른 사람들을 위해서도 기도하는 그리스도인이 되어야 한다. 우리 그리스도인들은 가장 가까운 사람들에게 축복의 기도를 해줄 수 있다. 우리가 기도할 때 예수님의 권세가 임한다. 목회자들을 위해서도 기도하기 바란다. 그들의 영적 에너지가 바닥이 날 때마다 성령의 능력이 필요하다. 우리의 기도로 하나님의 권세가 임할 것이고 그들에게 놀라운 복이 주어질 것이다.

3강_ 온 마음을 다해 하나님께 나아가는 담대함

•• 리처드 포스터

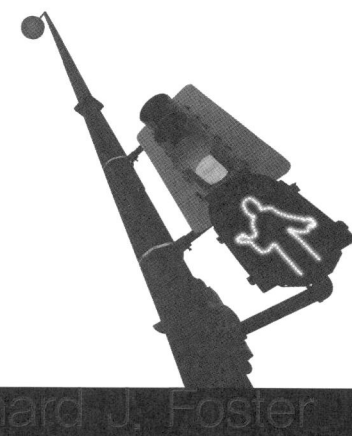

현대사회에서 사람들은 '담대함'을 잃어 가고 있다. 어떤 사람들은 그 분야의 전문가이면서도 자기 분야에 대한 자신감을 잃고 있다. 잘하던 것도 그들의 습관적인 패턴에서 조금만 옆으로 비켜나면 자신감이 다 사라지고 만다. 이것은 비단 교회 밖의 사람들에게만 해당되는 것이 아니다. 예수 그리스도를 믿는 하나님의 백성들조차 담대함이나 자신감 없이 살아가고 있다. 하나님은 이런 문제를 이사야 선지자를 통해 말씀하신 바 있다.

"주 여호와 이스라엘의 거룩하신 이가 이같이 말씀하시되 너희가 돌이켜 조용히 있어야 구원을 얻을 것이요 잠잠하고 신뢰하여야 힘을 얻을 것이거늘" 사 30:15

이 말씀에는 우리 그리스도인들이 갖춰야 할 담대함이라는 힘이 기록되어 있다. 그 '힘'은 어디에서 나오는 걸까? 혹시 우리는 기도하면 하나님께서 반드시 응답해 주실 거라는 확신이 우리 가운데 없는 것은 아닌지 의심해 보아야 한다. 또 우리 안에 있는 죄를 용서받지 못한다는 생각으로 죄책감에 시달리고 있지는 않은가? 그렇다면 '담대함'에 대해 깊이 고민해 봐야 할 것이다.

담대함은 무엇인가

고린도후서 5장 8절에서 사도 바울은 "우리가 담대하여 원하는 바는"이라고 했다. 사도 바울은 자기가 담대할 수 있는 이유를 말하고 우리에게 그 이유가 없기 때문에 담대할 수 없는 것이라고 말한다. 사도 바울이 말한 그 이유란 무엇일까? 먼저 우리는 자신에게 세 가지 작은 질문을 해볼 필요가 있다. 첫 번째, 담대함이란 무엇인가? 두 번째, 왜 우리는 담대함이 부족한 걸까? 세 번째, 우리가 하나님 앞에서 담대한 삶을 살 수 있는 길은 무엇일까?

첫 번째 질문에 대한 답으로 성경 말씀에 두 가지 예가 나온다. 하나는 사도행전 13장인데 바로 사도 바울과 바나바가 제1차 선교여행을 떠나는 장면이다. 당시 하나님의 말씀은 각처에 퍼져나가고 있었다. 아름답고 놀라운 일들이 하나님의 말씀을 통해 벌어지고 있었다. 섬의 지도자들이 사도 바울을 초청해서 그 말씀을 듣기 원했다.

그 지역에는 한 마술사가 있었는데 사도 바울이 와서 여러 가지 능력을 행하니까 마술사는 사도 바울을 미워하고 싫어했다. 자기 영역을 침범 당했다고 생각했기 때문이다. 그래서 사도 바울이 행하는 능력을 막으려고 했다.

"바울이라고 하는 사울이 성령이 충만하여 그를 주목하고 이르되 모든 거짓과 악행이 가득한 자요 마귀의 자식이요 모든 의의 원수여 주의 바른 길을 굽게 하기를 그치지 아니하겠느냐 보라 이제 주의 손이 네 위에 있으니 네가 맹인이 되어 얼마 동안 해를 보지 못하리라 하니 즉시 안개와 어둠이 그를 덮어 인도할 사람을 두루 구하는지라" 행 13:9-11

사도 바울은 하나님의 손, 곧 '주의 손'이 덮었다고 했다. '바울의 손'이 덮은 것이 아니다. 자신을 통해 하나님 말씀의 능력이 역사하는 것이라고 말하고 있다. 그것은 '육'을 버렸던 사도 바울이 갖고 있던 영적인 강점이었다. '육'은 하나님과 상관없이도 어느 정도 제한적인 능력을 발휘한다. 그리고 육체를 통해서 여러 가지 일들이 일어날 수 있다. 그러나 이 '육'만으로는 성령의 역사를 이룰 수가 없다. 사도 바울은 그 원리를 잘 알고 있었다. 그래서 '주의 손'이 너를 덮었다고 이야기한 것이다.

위의 말씀 중에 "네가 맹인이 되어서 얼마 동안 해를 보지 못하리라"는 구절이 있다. 맹인이 되어서 해를 보지 못한다고 단언했는데 만약 그 사람이 멀쩡히 다니면 어쩌나 하고 염려할 수 있다. 그러나 사도 바울은 영적으로 충만했기 때문에 하나님께서 하실 일을 미리 보고 그것을 선포할 수 있는 담대함이 있었다. 그가 이야기하는 것은 하나님이 그를 통하여 이야기하시는 것이라는 확신이 있었던 것이다. 만약 우리에게 그런 능력이 있더라도 그것을 사용할 수 있을지는 잘 모르겠다. 중요한 것은 말씀으로 단언하는 이런 자신감이 있느냐는 것이다. 우리가 이웃들과 함께 살아갈 때, 또 일터에 있을 때 우리의 생각에 자신감을 갖고 있는가? 우리 마음 가운데 하나님이 심어 주신 소원과 열정들 속에 자신감이 함께 있는가?

담대함과 자신감에 대한 또 다른 예를 보자. 예수 그리스도가 빌라도 앞에서 심문을 받으실 때 그분은 아무런 말씀도 하지 않으셨다. 사람들이 이것저것 지적해도 대꾸하지 않으셨다. 빌라도 앞에 서신 예수께서 하실 말씀이 얼마나 많았겠는가? 그러나 아무 말씀도 하지 않으셨다.

요한복음을 보면 빌라도가 예수님께 이렇게 말한다.

" 빌라도가 이르되 내게 말하지 아니하느냐 내가 너를 놓을 권한도 있고 십자가에 못 박을 권한도 있는 줄을 알지 못하느냐" 요 19:10

이런 빌라도 앞에서 예수님은 얼마나 답답하셨을까? 예수님은 모든 것들을 행사할 수 있는 능력이 있는 분이시다. 그런데 그것을 인정받지 못하는 상황에서 능력을 행하지 않느라 답답하셨을 것이다. 이 말씀에서 보면 '잠잠함'과 '자신감'이 깊은 연관이 있다는 것을 알 수 있다. 앞서 말한 이사야서의 말씀을 다시 상고해 보자.

"…너희가 돌이켜 조용히 있어야 구원을 얻을 것이요 잠잠하고 신뢰하여야 힘을 얻을 것이거늘" 사 30:15

우리에게 부족한 담대함

두 번째 질문, 오늘날 우리에게 왜 담대함이 부족한가에 대한 말씀이 요한일서에 나온다.

> "자녀들아 우리가 말과 혀로만 사랑하지 말고 행함과 진실함으로 하자 이로써 우리가 진리에 속한 줄을 알고 또 우리 마음을 주 앞에서 굳세게 하리니 이는 우리 마음이 혹 우리를 책망할 일이 있어도 하나님은 우리 마음보다 크시고 모든 것을 아시기 때문이라 사랑하는 자들아 만일 우리 마음이 우리를 책망할 것이 없으면 하나님 앞에서 담대함을 얻고 무엇이든지 구하는 바를 그에게서 받나니 이는 우리가 그의 계명을 지키고 그 앞에서 기뻐하시는 것을 행함이라"
> 요일 3:18-22

21절 말씀을 보면 "만일 우리 마음이 우리를 책망할 것이 없으면 하나님 앞에서 담대함을 얻고"라고 했다. 그러나 사람들은 대부분 죄책감을 너무 크게 느끼고 있다. 우리는 우리의 마음을 정죄한다. 어쨌든 자신의 마음이 옳지 못하다고 여기는 것이다. 인종과 문화와 연령을 막론하고 모든 사람은 스스로 자신이 무언가 잘못했다고 생각한다. 우리 마음이 자신을 정죄하는 데에는 몇 가지 이유가 있다.

첫 번째, 우리의 정체성 때문에 갖는 죄책감이 있다. 근본적으로 우리 자신에 대한 죄책감이다. 예를 들어서 우리가 남자나 여자로 태어난 성 정체성 때문에 자신을 바라보면서 죄책감을 느낀다. 또 키가 너무 크거나 키가 너무 작은 것에 대해서, 혹은 너무 뚱뚱하거나 너무 마른 것에 대해서 신체적 열등감을 느낀다. 많은 사람들이 이런 책망과 저주를 스스로 하면서 살아간다. 그런 지적과 책망에 눌려 있기 때문에 우리 마음은 다른 사람들을 향해 굉장히 민감한 두려움을 갖고 있다.

이 세상은 그런 식으로 자신을 책망하는 사람에게 무언가를 팔아서 이득을 보려는 사람들로 가득 차 있다. 우리는 눈에 보이는 외모에 대해 자꾸 책망을 당한다. 우리에게 냄새가 난다고 사람들이 책망하는 것 같고, 우리가 머리숱이 너무 많다고 책망하는 것 같다. 또 머리숱이 너무 없다고 책망하는 소리도 들린다. 우리는 그런 책망을 피할 수 없다. 바로 이것이 타락한 세상에서 우리가 경험할 수밖에 없는 책망들이다. 우리는 이쪽과 저쪽으로 떠밀려 가면서 거기에 맞춰 보려고 한다. 우리가 거기에 딱 맞췄다고 생각할 때 세상은 또 다른 스타일로 바꿈으로써 자신의 정체성에 대해 끊임없이 책망하도록 만든다.

두 번째는 우리 심령 가운데 있는 책망이다. 어떤 사람들은 특정 직업을 가지고 있어야 안전하다고 생각한다. 그래서 그 직업과 다른 직업을 가지고 있으면 두려워하거나 불안해한다. 그들은 자신이 살고 있는 지역과 자신이 속한 가정에 대해서도 이 같은 불안을 가지고 있다. '나는 왜 이런 가정에서 태어났지? 내가 살고 있는 지역은 왜 이런 곳이야? 나는 책망 받아 마땅해'라는 생각들이 여기에 해당한다. 그리고 자신이 하고 있는 일에 대해서도 책망을 한다. '내가 무엇을 하고 있는가, 어디에 살고 있는가' 하는 책망을 하면서 거기에 그치지 않고 또 다른 책망을 계속 이끌어 낸다.

이 세상에서는 이렇게 책망하는 것이 정당화 되어 있기까지 하다. 우리는 이런 난무하는 책망들 속에서 살아가는 불쌍한 인생들이다. 우리가 하고 있는 일에 대해서 책망 당하고, 또 우리가 하고 있지 않은 일에 대해서도 책망 당한다. 그래서 자기가 하고 있는 모든 일에 대해 스스로 책망 받아 마땅한 사람이라고 생각하면서 살아간다.

이를 틈탄 원수 마귀는 가장 기초적인 단계에서부터 침투하기 시작한다. 하나님은 우리를 사랑하시지 않으므로 좋으신 분이 아니라고 우리를 속인다. 이럴 때 우리는 자신을 담대히 받아들이면 된다. "나는 그냥 나야. 내가 사는 곳이 사람 사는 곳이지 뭐. 내가 가끔 그다지 좋지 않은 행동을 할 때도 있어. 그러면 나는 책망을 받을 수도 있지. 그럴 때 하나님이 나를 야단치실 수도 있지 뭐." 이때 죄에 대한 책망이 있지만 그것은 우리가 받아들이고 고치면 되는 것이다.

예수 그리스도께서 오신 것도 그 문제를 해결해 주시기 위해서이다. 예수 그리스도께서 이 땅에 오셔서 죽으셨고 그가 죽음에서 다시 살아나셨다. 그래서 우리의 죄 문제가 해결되었다. 그러므로 우리는 하나님께 늘 감사해야 한다. 우리의 죄는 우리의 실수일 수 있다. 그러나 세상이 무작정 책망하는 그런 죄는 아니다. 물론 우리가 우리 죄에 묶여 있을 수도 있지만 주님은 그것을 위해서도 오셨다.

예를 들어 우리가 사업을 하다가 실패할 수도 있다. 우리가 어떤 지역으로 이사할 때 잘못된 결정을 내릴 수도 있다. 우리가 무엇을 잘못 구입할 수도 있다. 그런데 진짜 문제는 이런 모든 실수들이 우리를 완전히 점령해 버리도록 자신을 내버려 두는 것이다. 그렇게 되면 우리는 완전히 힘과 능력을 빼앗기고 스스로 자신을 저주하며 살아가게 된다. 그러나 우리가 실수를 하더라도 하나님을 믿는 믿음이 아주 조금이라도 있다면 그 믿음이 우리를 천국까지 데려다 줄 것이다.

때론 우리가 아주 작은 믿음마저 잃어버릴 수도 있다. 그럴 때 우리는 다음 말씀을 기억해야 한다.

"이는 우리 마음이 혹 우리를 책망할 일이 있어도 하나님은 우리 마음보다 크시고 모든 것을 아시기 때문이라" 요일 3:20

하나님은 우리 마음보다 크신 분이다. 이것을 이해하는 것은 우리에게 매우 중요하다. 성경은 우리의 원수 마귀를 '형제들을 고소하는 자'라고 일컬었다. 성경 말씀처럼 사탄은 자신이 고소하는 책망으로 사람들이 망할 수 있다는 사실을 잘 알고 있다. 왜냐하면 사람이란 한번 공격을 당하고 나면 그것을 극복하기 위해 거기에 시간과 열정을 다 쏟아 붓기 때문이다. 그러다 완전히 망해 버리고 말 것을 사탄은 꿰뚫어 알고 있다. 그래서 우리가 '하나님은 우리 마음보다 크신 분'이라는 사실을 깨닫는 것이 중요하다.

책망은 그 누구도 구원할 수 없다. 우리는 '내가 이 세상을 책망하러 온 것이 아니다'라고 말씀하신 예수님을 기억해야 한다. 우리 주위에는 이미 사탄의 공격을 받아 책망 가운데 넘어져 있는 사람들이 많다. 그리고 그것을 극복하기 위해 이미 너무 많은 시간을 허비했다. 또한 사람들은 이 책망하는 마음 때문에 주님의 음성을 듣는 것에 둔해져 버렸다. 그래서 무언가를 잘못하면 거기에 좌절해 버리고 만다. 스스로 자기를 책망하고 저주하고 고소하는 것이 습관처럼 되었기 때문이다.

연약한 인간이 그런 책망하는 삶을 견디며 살아가고 있다. 그래서 우리 안에 자신감과 담대함이 완전히 사라져 버린 것이다.

담대한 삶

 세 번째 질문은 '우리가 하나님 앞에서 어떻게 담대한 삶을 살아갈 수 있는가?'이다. 이 질문은 지금까지 살펴본 말씀에서 좀더 구체적이고 실천적인 방향으로 나가기 위한 모색이다. '담대한 삶'은 우리가 있는 바로 그 장소에서부터 시작할 수 있다. 우리가 속해 있는 가정, 우리가 살고 있는 지역에서부터 시작할 수도 있다. 이것은 성경이 말하고 있는 것이고, 우리가 그 말씀을 붙들 때 새로운 역사는 시작된다.

 우리는 하나님의 뜻에 대해 많은 사람들이 신비주의에 빠져 해석하는 것을 종종 본다. 그러나 하나님의 분명한 뜻은 우리가 있는 바로 그곳에서부터 시작할 수 있다. 그런데 우리는 자꾸 그것을 버리려고 한다. "하나님은 내가 있는 이곳에서는 나에게 복을 주실 수 없어"라며 자신감 없는 말을 한다. '내가 졸업하고 난 다음에야 복 주실 수 있을걸.' '내가 결혼한 후에야 나는 복을 받을 수 있을 거야.' '내가 이 직장에 들어가야 복을 받을 수 있을 거야.' '내가 그 교회의 담임목사가 되어야 복을 받을 수 있을 거야.'…

그렇지 않다. 하나님께서 우리를 축복하실 수 있는 장소는 다른 어떤 곳이 아니라 우리가 있는 현재 그 장소라는 것을 믿어야 한다. 우리가 있는 그 장소에서 하나님과 대화하고 하나님과 동행한다면 바로 거기서부터 하나님의 역사는 시작된다. 우리는 성경에서 '모세가 본 타는 불꽃 떨기나무'를 기억하고 있다. 하나님께서 모세에게 그가 서 있는 그곳에서 신발을 벗으라고 했다. 그는 자신이 서 있는 곳이 거룩한 땅인 줄 모르고 있었다.

그렇다. 우리가 각자 서 있는 그곳이 하나님의 거룩한 땅이라는 사실을 믿어야 한다. 하나님께서 오셔서 우리를 격려하고 가르쳐 주시면서 우리를 성장시켜 주실 것을 믿어야 한다. 주 여호와 이스라엘의 거룩한 자가 말씀하셨다.

"주 여호와 이스라엘의 거룩하신 이가 이같이 말씀하시되 너희가 돌이켜 조용히 있어야 구원을 얻을 것이요 잠잠하고 신뢰하여야 힘을 얻을 것이거늘" 사 30:15

우리는 이 말씀처럼 절대적으로 고요하고 잠잠하게 기도함으로 힘을 얻을 수 있다.

4강_ 하나님 나라에서 가장 귀한 일

··리처드 포스터

Richard J. Foster

기도는 교회의 비즈니스다. 우리는 자신을 위해 간구하고, 우리의 죄를 고백하고, 하나님의 도우심을 구하고, 다른 사람들을 위해 중보하고, 세계를 위해 기도한다. 그래서 교회는 기도에 힘쓸 시간을 더 많이 가져야 한다.

기도 중에 하나님의 임재를 경험할 때 우리는 영적으로 강건해진다. 하나님의 음성을 직접 듣게 되면 말로 다 형용할 수 없는 하나님의 사랑을 느끼게 된다. 프레드릭 W. 페이버는 기도에 대해 이렇게 말했다.

"가만히 앉아서 오직 하나님만 생각하라. 이보다 더 큰 기쁨이 어디 있겠는가. 하나님에 대해 생각하는 그곳, 하나님의 이름을 부르는 바로 그곳이 이 세상에서 가장 거룩한 곳이며 가장 높은 곳이다."

작은 선행

사도행전 9장 36절에서 43절까지의 말씀은 한 여인의 작은 사역을 전하고 있다.

"욥바에 다비다라 하는 여제자가 있으니 그 이름을 번역하면 도르가라 선행과 구제하는 일이 심히 많더니 그 때에 병들어 죽으매 시체를 씻어 다락에 누이니라 룻다가 욥바에서 가까운지라 제자들이 베드로가 거기 있음을 듣고 두 사람을 보내어 지체 말고 와 달라고 간청하여 베드로가 일어나 그들과 함께 가서 이르매 그들이 데리고 다락방에 올라가니 모든 과부가 베드로 곁에 서서 울며 도르가가 그들과 함께 있을 때에 지은 속옷과 겉옷을 다 내보이거늘 베드로가 사람을 다 내보내고 무릎을 꿇고 기도하고 돌이켜 시체를 향하여 이르되 다비다야 일어나라 하니 그가 눈을 떠 베드로를 보고 일어나 앉는지라 베드로가 손을 내밀어 일으키고 성도들과 과부들을 불러 들여 그가 살아난 것을 보이니 온 욥바 사람이 알고 많은 사람이 주를 믿더라 베드로가 욥바에 여러 날 있어 시몬이라 하는 무두장이의 집에서 머무니라"

도르가라는 여인이 다시 살아났다는 것은 굉장히 중요한 사실이다. 또한 우리를 감동시키기에 충분하다. 그러나 다시 생각해 보면 이런 기적보다 이 여인의 삶 자체에 특별한 도전과 감동이 있다. 다비다, 곧 도르가라고 하는 여인은 선행과 구제하는 일이 심히 많았다고 기록되어 있다. 우리 인생에 대해 사람들이 이렇게 이야기해 준다면 얼마나 좋을까. 선행과 구제하는 일이 심히 많았던 인생! 우리 그리스도인은 모두 그런 평가를 받기 원해야 한다.

그런데 그 여인이 죽게 되었다. 그래서 마을 사람들이 그녀를 살려 달라고 베드로를 초청했다. 베드로가 오니 그곳에 모인 과부들이 도르가가 만든 속옷과 겉옷을 보여 주었다. 바로 이것이 그녀의 선행과 구제를 말해 주는 증거였다. 속옷과 겉옷을 왜 그렇게 많이 만들었겠는가? 필요한 사람들에게 나누어 주기 위해서였다. 그 여인은 왜 그런 선행을 했을까? 다음날 아침 뉴스에 크게 나오고 싶어서 그랬을까? 분명 그렇지 않다. 다만 도움이 필요한 사람들의 필요를 채워 주기 위함이었다. 이것을 보고 베드로는 그녀의 사역이 끝나지 않았음을 직감했다.

베드로는 사람들을 모두 내보낸 뒤 조용히 무릎을 꿇고 기도했다. 그러고 나서 두 마디를 했다. "다비다여, 일어나라!" 그러자 죽은 자가 일어났다. 죽었다가 다시 살아났으니 크게 기뻐할 일이다. 그러나 그뿐이 아니다. 이 여인은 선행을 계속할 수 있게 되었다. 속옷과 겉옷을 만들어서 필요한 사람에게 나누어 주는 일을 계속할 수 있게 되었으니 정말 아름다운 사건이 아닐 수 없다.

그녀의 선행은 작았을지 모르지만, 진정 위대한 일은 바로 그런 작은 섬김에서 시작된다. 이 정도는 우리도 얼마든지 할 수 있는 일이며, 매일의 일상에서 얼마든지 있을 수 있는 일이다. 도움이 필요한 사람들을 섬기기 위해 우리가 할 수 있는 작은 일들은 아주 많다.

하나님 나라의 기초

사도행전 9장 말씀과 누가복음 3장 말씀을 이어 보자. 누가복음 3장은 세례 요한에 관한 이야기이다. 많은 사람들이 세례를 받으러 나왔는데 그 가운데 불량배들도 있었다. 아직 인생이 변하지 않은 상태에서 세례를 받으러 온 것이다. 그들을 바라보면서 세례 요한은 '독사의 자식들'이라고 했다. 다음은 누가복음 3장 10절부터 14절까지의 말씀이다.

"무리가 물어 이르되 그러면 우리가 무엇을 하리이까 대답하여 이르되 옷 두 벌 있는 자는 옷 없는 자에게 나눠 줄 것이요 먹을 것이 있는 자도 그렇게 할 것이니라 하고 세리들도 세례를 받고자 하여 와서 이르되 선생이여 우리는 무엇을 하리이까 하매 이르되 부과된 것 외에는 거두지 말라 하고 군인들도 물어 이르되 우리는 무엇을 하리이까 하매 이르되 사람에게서 강탈하지 말며 거짓으로 고발하지 말고 받는 급료를 족한 줄로 알라 하니라"

세례 요한의 가르침의 핵심은 '나눔'이었다. 옷이 두 벌 있는 사람은 한 벌도 없는 사람에게 나누어 주고, 세금을 걷는 사람이라면 걷을 만큼만 적절히 걷으라고 했다. 또 군인들에게는 절대로 남의 것을 강탈하지 말고 자기가 받는 급여를 족히 여기라고 했다. 얼마나 간단한 가르침인가. 그저 각자 할 수 있는 작은 일부터 하라고 한 것뿐이다.

이웃에게 친절한 말을 하고 그들의 필요를 채워 주며 그들과 화평을 이루는 아주 평범한 일부터 하라는 말이다. 우리가 그렇게 작은 일들을 할 때 하나님의 임재가 우리 삶 가운데 임하게 된다. 이렇게 사는 사람이 작은 사역을 하는 주님의 종이다. 이것은 그 어떤 큰 사역보다 훨씬 더 중요한 일일 수 있다. 어쩌면 하나님 나라에서 가장 중요하게 여겨지는 일은 이런 작은 선행들일 것이다.

작은 선행들을 서로에게 베푼다면 온 인류가 평화롭게 살 수 있다. 또한 이것은 위대하고 큰 하나님 나라를 만드는 기초다. 그러나 사람들은 작은 선행에 만족하지 못하고 더 크고 폼 나는 일을 하려 하고 더 큰 능력을 받으려고만 한다. 권력을 얻고 유명해지고 중요해지고 싶어 한다.

간단하고 작은 선행을 행하지 못하고 있다면 로마서 12장 1절에서 2절 말씀을 보자.

"그러므로 형제들아 내가 하나님의 모든 자비하심으로 너희를 권하노니 너희 몸을 하나님이 기뻐하시는 거룩한 산 제물로 드리라 이는 너희가 드릴 영적 예배니라 너희는 이 세대를 본받지 말고 오직 마음을 새롭게 함으로 변화를 받아 하나님의 선하시고 기뻐하시고 온전하신 뜻이 무엇인지 분별하도록 하라"

작은 선행을 매일매일 하나님께 드리며 사는 사람은 마

음에 변화를 입을 수 있다는 말씀이다. 우리의 우선순위가 바로 이렇게 성경에 기초해 바뀌어야 한다. 사람들이 알아주지 않아도 상관없다. 뉴스에 나오지 않는 것은 물론이고, 나의 가장 친한 친구조차 몰라주는 아주 작은 일일 수 있다. 그러나 하나님은 그것을 눈여겨보시고 이렇게 말씀하신다. "여기에 천국의 자녀가 있다!" 그러면서 우리를 '선한 일을 하고 있는 아름다운 자녀'라 불러 주실 것이다.

에스키모들이 살고 있는 알래스카 북쪽에 가본 적이 있다. 그곳에서 나는 하수구 공사를 하려고 웅덩이를 하나 팠다. 그런 시설을 갖추는 것은 그 동네에서 처음 있는 일이었다. 나이가 많이 든 에스키모 한 사람이 그 일을 지켜보았다. 그는 오랫동안 일을 해서 거칠고 투박한 손을 가지고 있었다. 한참을 지켜보고 있던 그가 이렇게 말했다. "하나님의 영광을 위해 웅덩이를 파고 있군요!" 그때 나는 깨달았다. 웅덩이를 파는 일도 하나님께 영광 돌리는 일이 될 수 있다는 것을!

그 웅덩이는 다시 덮일 수도 있고, 나중에는 아무도 그곳에 웅덩이가 있었다는 사실조차 기억하지 못할 수도 있다. 그러나 웅덩이 하나 파는 일에도 최선을 다하고 하나님의 영광을 위해 판다면 그것이 바로 주님께서 기뻐하시는 일이다. 이것이 바로 작은 선행이다. 하나님께서 우리의 작은 선행을 위대하게 사용해 주시리라 믿는다.

이렇게 기도하자

여러분이 기도할 때 이 두 가지를 꼭 기억하자. 먼저 하나님께서 오늘 내가 할 수 있는 작은 선행 두세 가지를 보여 주시도록 기도하기 바란다. 몸이 불편한 사람을 위해 음식을 만들어 주거나 깨끗하게 청소해 주는 일, 혹은 외로운 사람에게 안부를 묻는 일 등이 모두 작은 선행에 해당된다. 예수 그리스도의 존귀한 이름으로 그들을 축복하는 일도 작은 선행이다.

둘째, 하나님께서 우리의 마음을 변화시켜 주셔서 이런 작은 선행을 할 때 우리가 큰 기쁨을 맛보게 해달라고 기도하기 바란다. 이렇게 작은 일로 쓰임 받을 수 있다는 사실 하나만으로도 기뻐할 수 있는 심령을 달라고 기도해야 한다. 이것은 큰일도 아니고 어려운 일도 아니다. 하나님께 이렇게 고백하자. "하나님, 작은 선행을 할 수 있는 것이 제게는 큰 기쁨이고 행복입니다."

한번은 작은 기도회에 참석했는데 거기 있던 한 자매가 분노하며 이렇게 말했다. "리처드 목사님, 제 기도는 도무지 이 천장을 뚫고 올라가지 못하는 것 같아요." 그때 나는 이렇게 대답했다. "헬렌, 당신의 기도가 이 천장을 안 뚫어도 돼요. 하나님은 여기 계시니까요." 하나님은 바로 여기에 계신다. 우리 기도를 귀 기울여 들으신다. 그리고 응답하신다. 우리는 이렇게 기도하기만 하면 된다.

> "살아 계신 하나님, 우리와 함께하여 주옵소서. 우리에게 기도를 가르쳐 주옵소서. 하나님의 사랑을 보여 주시옵소서. 하나님의 영광을 보여 주시옵소서. 하나님의 선하심을 보여 주시옵소서. 우리의 심령을 만져 주시옵소서. 기도를 어떻게 할 수 있을지 보여 주시고 가르쳐 주시옵소서. 예수님의 이름으로 기도드립니다. 아멘!"

5강_ 하나님 나라를 침노하라

·· 달라스 윌라드

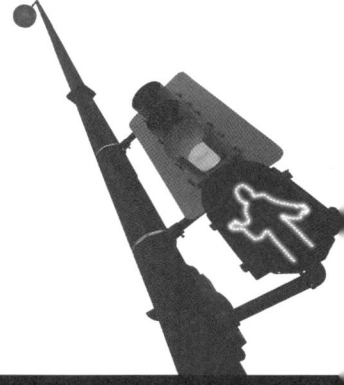

달라스 윌라드Dallas Willard는
남캘리포니아 대학교University of Southern California의 철학과 교수이자 목회자로서
제자도와 영성에 관한 통찰력 있는 설교와 책들로 수많은 그리스인들에게 영향력을 끼치고 있다.
저서로는 『영성훈련』The Spirit of the Disciplines, 『하나님의 음성』Hearing God,
『하나님의 모략』The Divine Conspiracy 등이 있다.

오늘날 우리는 이 세상을 거슬러 살아야 할 상황에 놓여 있다. 그것은 기독교가 탄생했을 때부터 그리스도인들이 직면한 삶의 현실이었고, 예수 그리스도를 믿는 사람들은 그런 세상을 이겨냈다. 오늘날 교회가 성경의 가르침을 통해 성도들을 강하게 키워 내지 못한다면 '무늬만 크리스천'인 상태로 살게 할 수도 있다. 요즘 서양의 많은 교회들은 세상의 크고 작은 비난과 비판을 정면으로 받고 있다. 그것은 그들이 그리스도인으로서 온전한 삶을 살고 있지 않기 때문이다. 따라서 지금 우리에게 무엇보다 절실히 요구되는 것은 삶을 변화시키는 영성의 회복이다.

세상이라는 영적 전쟁터

바울은 예수 그리스도의 은혜로 구속된 사람들 가운데 가장 지적인 사람이다. 그는 말할 때나 기도할 때나 늘 일관된 주제를 강조하고 핵심을 이끌어 냈다. 그것은 바로 '그리스도 안에서의 삶'이었다. 바울은 이에 대해 다음과 같이 말했다.

"이로써 우리도 듣던 날부터 너희를 위하여 기도하기를 그치지 아니하고 구하노니 너희로 하여금 모든 신령한 지혜와 총명에 하나님의 뜻을 아는 것으로 채우게 하시고 주께 합당하게 행하여 범사에 기쁘시게 하고 모든 선한 일에 열매를 맺게 하시며 하나님을 아는 것에 자라게 하시고 그의 영광의 힘을 따라 모든 능력으로 능하게 하시며 기쁨으로 모든 견딤과 오래 참음에 이르게 하시고 우리로 하여금 빛 가운데서 성도의 기업의 부분을 얻기에 합당하게 하신 아버지께 감사하게 하시기를 원하노라" 골 1:9-13

그리고 그 다음 구절에서 핵심을 이야기하고 있다.

"그가 우리를 흑암의 권세에서 건져내사 그의 사랑의 아들의 나라로 옮기셨으니" 골 1:14

이와 같은 맥락에서 주목할 만한 또 다른 말씀이 있다.

"모든 일을 원망과 시비가 없이 하라 이는 너희가 흠이 없고 순전하여 어그러지고 거스르는 세대 가운데서 하나님의 흠

없는 자녀로 세상에서 그들 가운데 빛들로 나타내며"빌 2:14

여기서 "세상에서"라는 말에 주목할 필요가 있다. 우리는 지금 세상의 한복판에 서 있다. 마치 엘리야가 갈멜 산 정상에 서 있는 것처럼 우리도 세상이라는 공간 한 가운데에 서 있다. 또한 세계화라는 현상의 중심에 서 있다고도 할 수 있다. 우리가 그것을 인정하든 인정하지 않든, 좋아하든 좋아하지 않든 그것은 너무나 확실하다.

엘리야가 바알 선지자에게 도전장을 내밀었듯이 우리 또한 세상이라는 영적 전쟁터에서 당당하게 싸울 준비를 해야 한다. 엘리야가 하나님의 '하나님 되심'을 보여 달라고 간절히 기도한 것처럼 우리 또한 엎드려 기도해야 한다. 그렇게 할 때 하나님께서는 엘리야에게 불로 응답하신 것처럼 우리에게도 그분의 빛을 보여 주신다.

우리는 지금 그러한 자리에 서 있다. 세상의 각종 영성이 끊임없이 도전해 오고, 때로 그것은 매우 혼란스럽게 다가오기도 한다.

인간 내면의 가장 깊은 욕구

'영성이란 과연 무엇인가' 하는 근원적인 물음에서부터 그 혼란은 시작된다. 영성은 눈에 보이는 실체가 아니기 때문이다. 무엇인지 명확하게 알 수 있는 것이 아니다. 무신론자들도 나름의 영성을 갖고 있다. 모든 영성 심지어 사탄을 숭배하는 영성에도 나름대로 정체성과 능력이 있다.

오늘날 대체로 사람들은 타인의 영성에 영향을 받고 싶어 하지 않는다. 영성은 인간 내면에 있는 가장 깊은 욕구에 대한 응답이다. 우리는 영성을 통해서 '너는 누구인가'라는 정체성 확인과 '너의 능력은 무엇이고, 너는 그 능력으로 무엇을 할 수 있는가' 라는 질문을 던질 수 있다.

이 세상에는 많은 갈등이 있다. 사람과 사람 사이의 관계에서 생기는 갈등으로부터 원자력과 에너지와 석유로 인해서 생기는 갈등에 이르기까지 셀 수도 없을 정도이다. 그러나 그 중 가장 깊은 갈등은 바로 이 영성을 향한 욕구이다. 왜냐하면 하나님께서 사람을 만드실 때 하나님의 다스림을 받고 하나님의 지배를 받도록 창조하셨기 때문이다. 그래서 우리는 모두 영에 대한 갈망을 가지고 있으며 저마다 다른 형태의 공허함과 결핍이 있다. 그것은 어떤 능력으로 휩싸일 때에만 충족될 수 있는 욕구이다.

우리에게 사랑하는 가족이 있지만 여전히 마음 한 구석에는 채워지지 않는 무언가가 있다. 부모님과 내 형제 또한 인간이기 때문에 한계가 있다. 그들은 나의 내면에 있는 영적 공간에 필요한 사랑과 능력을 부여해 줄 수 없다. 그러한 까닭에 사도 바울은 하나님을 향해 '그 모든 선한 것들로 우리를 채워주소서' 하고 간절히 부르짖었다. 이 부르짖음은 골로새서에서도 반복된다.

> "그의 영광의 힘을 따라 모든 능력으로 능하게 하시며 기쁨으로 모든 견딤과 오래 참음에 이르게 하시고" 골 1:11

우리로 하여금 정말 오래 견디게 하고 오래 참을 수 있게 하는 것은 무엇인가? 그것은 두말할 나위도 없이 하나님이 주시는 능력이다. 그 능력이 우리에게 임할 때 우리는 모든 것을 기쁨으로 할 수 있다.

영으로 다시 태어남

요한복음 3장에서 예수님은 니고데모에게 이렇게 설명하셨다. "하나님과 함께 생활하고 하나님과 함께 동역하기 위한 열쇠는 바로 하늘로부터 다시 태어나는 것이다." 그러자 니고데모는 몹시 당황해서 예수님께 물었다. "사람이 어떻게 다시 태어날 수 있단 말입니까?" 예수님은 니고데모를 향하여 "너는 유대인의 선생이면서도 이 사실을 알지 못하느냐?"고 반문하셨다. 바로 이스라엘 백성의 모든 역사가 하나님으로부터 난 것이기 때문이다. 하나님이 이스라엘의 역사 속에 직접 개입해서 이스라엘 백성 한 사람 한 사람의 삶을 붙들고 인도하고 안내하셨다.

예수님은 니고데모에게 "바람이 임의로 불되 어디서 와서 어디로 가는지 너는 알지 못한다"고 말씀하셨다. 우리는 바람의 방향은 알 수 없지만 바람이 부는 것은 느낄 수 있지 않은가. 영으로 난 사람도 이와 같다. 예수님이 니고데모에게 가르쳐 준 것은 바로 영으로 거듭나야 한다는 말씀이었다. 기독교의 영성이란 바로 하나님의 생명이 예수 그리스도를 통해 우리 안의 영으로 출입하는 것을 말한다. 그것은 각종 현상으로 나타난다.

구약의 삼손 이야기는 많은 사람들이 좋아하는 이야기로 손꼽힌다. 삼손은 '레히' 턱뼈, 삿 15:14라는 계곡에서 사람들에게 결박당해 있었는데, 갑자기 주의 영이 삼손을 덮치자 그의 팔을 묶고 있던 밧줄이 불에 탄 삼처럼 툭툭 끊어져 나갔다. 삼손은 마침 거기에 있던 나귀의 턱뼈를 집어 들었다. 나귀의 턱뼈 외에는 특별히 다른 무기가 없었기 때문이다. 거기서 삼손은 블레셋 사람 1천 명을 쳐 죽였다. 성경은 레히 계곡에서 보여 준 삼손의 활약이 '하나님의 영이 삼손에게 임하였기 때문'이라고 분명히 밝히고 있다.

이 장면은 매우 인상적이다. 우리도 세상에서 이런 고독한 싸움을 해야 할 때가 많지 않은가. 그러나 막상 싸우려고 하면 내 주위에 아무런 무기가 없다는 사실을 깨닫는다. 바로 이때, 우리는 하나님의 성령이 우리와 함께하신다는 것을 느끼게 된다. 그 사실은 지금껏 내가 갖고 있던 어떤 수단과 방법보다도 더 위대한 힘을 발휘한다. 복된 소식이란 바로 이와 같다. 우리의 수단과 방법은 항상 제한되어 있으며, 언제나 어떤 임무를 완수하기에 충분하지 않기 때문이다. 나의 삶이 그렇듯 이 책을 읽는 모든 독자의 삶 또한 마찬가지일 것이다. 그러므로 우리는 더욱 그 도전을 반갑게 받아들이며 하나님을 향해 나아가야 한다. 진심으로 하나님을 우리 삶의 한가운데로 초청한다는 것은 바로 이런 모습이다.

선지자 이사야는 말했다.

"오직 여호와를 앙망하는 자는 새 힘을 얻으리니 독수리가 날개치며 올라감 같을 것이요…" 사 40:31상

독수리가 날개를 치며 올라간다는 것은 독수리가 바람을 향하여 날개를 펼친다는 말이다. 그렇다면 우리가 어떻게 독수리처럼 날개를 치며 올라갈 수 있는가? 어떤 바람을 향해 날개를 펼쳐야 할까? 답은 명쾌하다. 바로 성령의 바람이다. 우리는 성령의 바람을 타고 날아올라야 한다. 하지만 이처럼 우리가 성령 안에서 자라나기 위해서는 그 사실을 지탱해 줄 복음이 있어야 한다.

하나님 나라가 임하다

과연 우리의 복음은 무엇인가? 우리가 믿는 가장 핵심적인 진리는 무엇인가? 이 질문은 구원의 문제와 직결된다. 그렇다면 구원이란 무엇인가? 사람들은 흔히 구원을 죄를 용서받는 것쯤으로 치부해 버리고 만다. 예수를 믿었으니 당연히 구원을 받았고 구원의 특권을 누리기 위해 죽을 날만 기다리면 된다고 여긴다. 또 어떤 사람은 사회 정의를 외치는 것이 복음이라고 부르짖는다. 가난한 자들을 돌보고 정의를 위해 바른말을 하는 것 역시 중요하지만 이런 것들은 우리가 당연히 해야 할 일이다. 예수님도 그렇게 하셨기 때문이다. 그리고 예수님은 우리가 그분을 따르도록 우리를 부르셨고 우리 죄를 사하려고 죽으셨다. 또한 우리가 그 사실을 받아들이도록 우리의 영을 끊임없이 초청하고 계신다. 하지만 이것이 복음의 전부가 아니다.

예수 그리스도의 복음 중 가장 핵심은 하나님 나라가 우리에게도 임할 수 있다는 사실이다. 그래서 예수님은 수많은 무리들을 부르시며, 바로 지금 예수 그리스도를 통하여 하나님 나라를 경험하라고 말씀하신다. 그 안에 죄

사함은 물론 이웃을 사랑하고 정의를 외치는 것도 포함되어 있다.

하나님 나라의 복음은 굉장히 단순하다. 한마디로 말해 하나님은 역사하시는 분이며, 하나님 나라는 하나님의 뜻이 이루어지는 곳에 존재한다. 자연을 보라. 자연도 하나님 나라의 영역에 속해 있다. 수많은 시편 속에는 이 땅에 있는 자연과 해와 달과 별들로 인하여 하나님을 찬미하는 장면들이 얼마나 많은가. 천국도 마찬가지다. 모든 천사가 하나님이 원하시는 대로 시중들고 있다. 우리가 암송하는 주기도문에도 이렇게 나온다.

> "(하나님의) 나라가 임하시오며 (하나님의) 뜻이 하늘에서 이루어진 것같이 땅에서도 이루어지이다" 마 6:10

하나님의 뜻이 하나님 나라에서 어떻게 이루어질까? 우리는 '하나님 나라가 임하기를 원합니다'라고 기도한다. 세상 전체를 놓고 기도하는 것이 아니라 바로 나에게 하나님 나라가 임하게 해달라고 기도한다. 나 역시 하나님 나라가 내 삶 속에 이루어지기를 늘 기도한다. 그것은 단순히 하나님의 말씀에 순종하는 것이 아니라 하나님의 생명이 내 안에 풍성하게 차고 넘쳐 '기쁨으로' 순종하는 것, 즉 참다운 순종을 말한다.

하나님의 뜻이 이루어지는 곳

하나님은 우리를 만드시고 우리 각자에게 왕국을 소유하도록 허락하셨다. 왕국이란 우리가 능력을 발휘할 수 있는 세상의 영역, 곧 나의 발언권이 있는 공간을 말한다.

누군가 갑자기 내게 다가와 내 지갑을 빼앗았다고 하자. 다짜고짜 내 지갑을 가져가 멋대로 뒤진다면 기분이 어떻겠는가? 그를 향해 뭐라고 하겠는가? 아마 화를 내며 "그건 내 지갑이야!"라고 단호하게 말할 것이다. 그리고 동시에 '그건 나만이 열어볼 수 있는 공간이란 말이야'라는 생각을 하면서 나만의 영역, 곧 내 지갑에 대한 소유권과 발언권을 주장할 것이 분명하다. 이처럼 단순한 진리로 하나님이 우리로 하여금 어떤 왕국을 소유하게 하기를 원하신다는 것이다. 그러나 그 왕국은 하나님의 거대한 왕국에 속해 있어서 반드시 그 안에서 만들어지고 성장해야 한다.

그리스도인이라 자처하는 사람들 가운데 어떤 이들은 "하나님을 믿는 사람들은 당연히 가난해야 한다"라고 말한다. 또는 "하나님을 믿는 사람들에게는 세상적인 능력이 없어도 된다"고 주장한다. 그러나 그것은 완전히 잘못된 생각이다. 우리는 우리가 소유한 모든 부귀를 하나님 나라 안으로 갖고 들어가야 한다. 부귀가 많으면 많을수록 우리가 하나님께 드릴 것이 많아진다. 그리고 그것은 하나님 나라가 이 땅에 속히 오게 하는 방법이 되기도 한다. 하나님 나라의 특성은 '하나님을 사랑하는 자 곧 그의 뜻대로 부르심을 입은 자들에게는 모든 것이 합력하여 선을 이룬다'는 점이다.롬 8:28 참조 그러한 하나님 나라에 우리가 초대받은 것이다.

예수님은 "회개하라 천국이 가까이 왔느니라"고 선포하셨다.마 4:17 헬라어로는 '이미 그 나라가 임하였다'라는 뜻이다. 우리는 예수님께서 "들어가라! 진입하라! 이미 천국이 네 앞에 있다!"고 하신 말씀을 믿어야 한다. 하나님과 인간 사이의 유일한 중보자이신 예수 그리스도가 하신 말씀이기 때문이다.

예수께서 이 땅에 사는 동안 우리에게 가르치신 내용은 매우 단순하다. 십자가에 달리시고 무덤에서 사흘 만에 살아 나오신 그분을 순전히 믿으라는 것이다. 그분은 살아 계시고, 지금 세상 속에서 일하고 계신다.

지금 이 순간, 여기서

내가 가장 좋아하는 구원의 정의가 있다. 바로 '지금 이 순간, 여기서 예수님의 삶에 우리가 동참하는 것'이다. 신약에는 하나님 나라의 개념이 명확하게 나타나 있다. 사도행전 1장부터 28장까지는 온통 하나님의 왕국에 관한 이야기로 채워져 있다. 사도행전 1장 3절에 특히 구체적인 언급이 나온다.

> "그가 고난 받으신 후에 또한 그들에게 확실한 많은 증거로 친히 살아 계심을 나타내사 사십 일 동안 그들에게 보이시며 하나님 나라의 일을 말씀하시니라"

그때 예수님께서 40일 동안 말씀하신 내용은 모두 '하나님 나라의 일'이었다. 사도행전 28장 마지막에 바울은 로마에서 수감된 상태로 갇혀 있었다. 그런 상태에서 그는 무엇을 했는가?

"하나님 나라를 전파하며 주 예수 그리스도에 관한 모든 것을 담대하게 거침없이 가르치더라" 행 28:31

역시 예수 그리스도와 하나님 나라에 관한 내용이다. 사도행전은 바로 예수 그리스도와 하나님 나라를 연결하는 말씀이다. 하나님 나라가 없는 예수는 구세주가 될 수 없다. 그래서 사도 바울은 "만일 예수께서 죽은 자 가운데서 살아나지 않았다면 너희 믿음이 헛것이고 너희는 여전히 죄 안에 거하고 있다"고 말했다.고전 15:17 참조 또 만일 예수가 없는 왕국이 있다면 그 안에는 죄악만 있을 뿐이다. 우리가 살아가는 동안 끊임없이 세상에서 듣고 보게 되는 것이 바로 인간의 잔악무도함 아닌가.

시편 85편에는 "인애와 진리가 같이 만나고 의와 화평이 서로 입을 맞추었다"라는 표현이 있다. 이는 예수님 안에서 이 모든 것이 합쳐져서 하나가 되었다는 뜻이다. 예수 그리스도, 그 영원하신 왕에게는 이처럼 무궁무진한 능력이 있다. 그것은 언제나 사랑이 전제될 때 나타나는 능력이다.

어떤 사람들은 나에게 종종 이런 질문을 던진다. "하나님께서 이 세상을 제대로 다스리기 위해서는 얼마나 더 잔인하셔야 됩니까?" 그럴 때 나는 이렇게 대답하곤 한다. "하나님은 전혀 잔인하실 필요가 없습니다. 그냥 하나님이시면 됩니다. 그것으로 모든 것이 다 이루어지기 때문입니다."

하나님은 우리에게 예수 그리스도를 통하여 오신다. 인류 역사 속에서 모든 입은 주를 그리스도라 시인하고, 예수 이름 앞에 모두 무릎 꿇으며 이 모든 것이 하나님께 영광 돌리는 일이 될 것이다. 이 세상에 있는 모든 독재자, 모든 살인마조차 저마다 예수 앞에 무릎을 꿇고 "당신이 그리스도입니다" 하고 시인하게 될 날이 반드시 온다.

하나님 나라와 가까운 사람

　하나님 나라는 누구에게나 열려 있다. 마태복음 5장은 우리 앞에 천국이 펼쳐져 있다고 말한다. 예수님의 사역은 세 가지로 요약되는데, 첫째 천국의 도래를 선포하신 것이다. 둘째 예수님은 천국이 어떤 곳인지를 설명하셨다. 이에 대해서는 보충 설명이 필요 없을 정도로 예수님은 많은 비유로 설명해 주셨다.

　셋째로 예수님의 사역은 천국, 곧 하나님 나라를 나타내고 있다. 예수님은 친히 아픈 자들에게 다가가서 안수하셨다. 그러면 모두 고침과 치유를 받았다. 뿐만 아니라 예수님은 바다와 풍랑과 바람을 향하여 명령하셨다. 그러면 자연은 그 말씀 앞에 즉각 순종하였다. 예수님은 어부라는 직업을 갖고 있는 자들에게 명하시며 약속하셨다. "나를 따르라 내가 너로 사람을 낚는 어부가 되게 하리라." 예수님은 밤새도록 헛고생한 그들에게 "깊은 곳에 가서 그물을 던지라"고 말씀하셨다. 그 말씀에 순종한 결과 그들은 지금껏 경험해 보지 못한 큰 풍어를 경험하게 되었다. 이 사건은 예수님이 직접 하나님 나라를 보여 주신 것으로, 평범한 일상 속에서 놀라운 하나님의 역사를 보여 주신 하나의 모형이다.

그러나 이 때문에 예수님은 곧 위협을 받았다. 자기가 남보다 낫다고 생각하는 사람들에게 예수님의 가르침은 낯선 검처럼 두려움을 주었기 때문이다. 사회적 지위와 기득권을 가지고 있던 그들은 자신들이 쥐고 있던 권력을 빼앗길까봐 전전긍긍하였다. 사람들은 묻기 시작했다. "도대체 나사렛에서 온 사람이 누구인가? 나사렛에서 무슨 선한 것이 나올 수 있단 말인가." 출생과 배경만으로 볼 때 예수님은 많은 사람들이 문제 삼을 만한 악조건을 가지고 있었다. 하지만 예수님은 성장하면서 하나님으로부터 엄청난 말의 권세를 받았다. 그 후 사람들은 예수님을 두고 "저 사람이 누구냐? 이렇게 가르치는 사람을 본 적이 없다"라며 감탄하였다. 그들은 예수님이 율법에 정통한 서기관과 바리새인들을 능가하는 어떤 권세를 가지고 있다고 여겼다.

예수님은 이 땅에 오셔서 복음을 설명하시며 그것이 어떤 것인지 보여 주셨다. 그것이 바로 '팔복'이다. 팔복은 한마디로 하나님 나라에 대한 선포로, 누가 하나님 나라에 들어갈 수 있는지를 잘 설명해 준다. 하나님 나라와 가까운 사람, 즉 하나님 나라에 들어갈 사람들의 명단 가장 위에 있는 사람은 누구일까? 뜻밖에도 우선권은 가난한 사람에게 있었다. 예수님 당시 사람들은 대부분 '가난한 사람은 복이 없다'고 생각했다. 부자야말로 하나님께 축복받은 자라고 믿었다. 하지만 예수님은 "가난한 자는 복이 있나니"라고 말씀하셨다. 마태복음 5장의 방식으로 본다면 '심령이 가난한 자' 곧 영적인 것에 갈급한 사람이 복이 있다.

한편 누가복음 6장에서는 그냥 '가난한 사람'에게 복이 있다고 했다. 누가는 말씀의 의도를 잘 해석하지 못한 것으로 보인다. 만일 그렇다면 사람들의 가치관에 큰 혼란이 생길 것이다. 이 세상에는 무일푼의 노숙자들이 너무나 많다. 미국 로스앤젤레스에서는 밤마다 8만 명의 사람들이 길에서 잠을 잔다. 그들이 과연 모두 예비된 축복을 받은 자들인가? 그렇다고 할 수도 있다. 왜냐하면 하나님 나라가 그들의 것이 될 수 있기 때문이다. 하나님 나라는 결코 차별이 없으므로 물질이 없는 사람, 길가에서 잠을 자는 인생이라 하더라도 들어올 수 있다는 뜻이다. 그러나 예수님은 단 한 번도 '너희가 가난하기 때문에 복이 있다'고 말씀하시지 않았다. 부자에게도 하나님 나라는 여전히 열려 있다. 그러나 부자가 하나님보다 자기 재산을 더 의지한다면 그는 결코 하나님 나라에 들어갈 수 없다. 그는 자기 부를 통해서 이미 자신의 정체성과 능력을 소유하고 있기 때문이다.

"애통하는 자는 복이 있나니"마 5:4라는 구절도 마찬가지다. 애통하기 때문에 복이 있다는 말이 아니다. 애통은 슬프고 한없이 고통스러운 감정이다. 가슴 깊은 곳에서 나오는 통곡은 결코 좋은 것이 아니다. 그러나 하나님 나라에는 위로가 있다. 그래서 바울은 "근심하는 자 같으나 항상 기뻐하고"고후 6:10상라고 하였다. 이 땅에서 우리가 겪을 수 있는 슬픔 중에 하나님의 위로가 치유하지 못할 슬픔이란 없다.

하나님 나라를 침노하라

팔복은 우리가 해야 할 어떤 일들을 가르쳐 주는 목록

이 아니다. 그것은 또한 의로운 사람들을 열거한 명단도 아니다. 그렇다면 그 사람들은 누구인가? 누가 보더라도 "저 사람은 복 받은 사람이 아니야"라고 말할 만한 그런 류의 사람들이다. 예수님은 그들의 삶을 송두리째 바꿔 놓으셨다. 그리고 시시때때로 이렇게 말씀하셨다. "먼저 된 자가 나중 되고 나중 된 자가 먼저 되리라." 이것이 바로 하나님의 왕국을 바라는 이들이 인간 왕국에서 경험하는 대역전의 드라마이다.

부자들, 웃는 자들, 사람들에게 칭찬받는 자들을 향해 예수님은 "슬프도다! 화로다!"라고 말씀하셨다. 그들이 의지하고 있는 세상의 즐거움이 결국 천국으로 들어가는 것을 막을 것이기 때문이다.

하나님 나라의 복음은 우리의 인격과 삶이 변화할 수 있는 기초를 제공한다. 세례 요한의 예를 보자. 요한은 하나님이 사랑하시는 사람 중의 하나였다. 다음 구절은 그 사실을 분명히 보여 준다.

"내가 진실로 너희에게 말하노니 여자가 낳은 자 중에 세례 요한보다 큰 이가 일어남이 없도다 그러나 천국에서는 극히 작은 자라도 그보다 크니라 세례 요한의 때부터 지금까지 천국은 침노를 당하나니 침노하는 자는 빼앗느니라" 마 11:11-12

여기서 '침노'라는 표현은 체면불구하고 계속해서 밀어붙인다는 뜻이다. 누가복음에 이 단어의 의미를 잘 보여 주는 한 상황이 나온다.

"예수께서 야이로의 집으로 가시는데 무리가 그에게 바싹 붙어 밀어댔다" 눅 8:42 표준새번역

발 디딜 틈도 없이 밀려드는 그 무리들 가운데 한 여인이 있었다. 그녀는 열두 해 동안 혈우병을 앓다가 이제 예수님의 옷자락이라도 만지기 위해 온 것이다. 아무도 그 여인이 그 자리에 있는 것을 알아채지 못했다. 여인은 사람들에게 관심 밖의 인물이었기 때문이다. 그런데 놀라운 일이 생겼다. 여인이 예수님의 옷자락을 만졌을 때 하나님 나라의 능력이 여인의 몸 안으로 들어가 여인의 병이 치유되었다. 예수님은 치유의 능력이 흘러나간 것을 바로 알아차리시고는 "내게 손을 댄 사람이 누구냐?" 하고 물으

셨다. 영문을 모르는 제자들이 이렇게 대답했다. "선생님, 무리가 선생님을 에워싸서 밀치고 있습니다." 하지만 예수님은 한 사람이 믿음으로 예수님의 옷자락을 만졌다는 것을 아셨다. 이처럼 때로 믿음은 '절박함'이다.

소경 바디매오가 길가에 앉아 있었다. 갑자기 사람들이 웅성거리는 소리가 들려왔다. "나사렛 예수가 지금 지나가고 있다." 이 말을 듣고 바디매오는 크게 소리쳤다. "다윗의 자손 예수여, 나를 불쌍히 여기소서." 바디매오는 장로교인도 아니었고, 예의를 지키며 교양 있게 행동하는 세련된 사람도 아니었다. 혈루병을 앓던 여인과 소경 바디매오는 둘 다 교양 없고 무지한 사람들이었다. 그러나 중요한 것은 그런 세상적인 기준이 아니다. 이 두 사람처럼 무지하나 과감한 믿음이 하나님 나라에 영향을 미친다. 이것이 바로 우리가 하나님 나라의 생명 안으로 들어가는 비결이다.

하나님 나라의 생명 안으로 들어갈 때 우리는 비로소 제자가 될 수 있다. 제자란 예수님과 동행하면서 그분을 닮아 가는 존재다. 나는 개인적으로 '도제' apprentice라는 단어를 좋아한다. 예수님의 제자들은 말 그대로 24시간 주님과 동고동락하며 지냈다. 그들은 예수님의 일거수일투족을 보면서 하나님 나라가 어떻게 역사하는지를 목격했다. 또 예수님이 언젠가 이 땅에 왕국을 세워서 자기로 하여금 다스리게 할 것이라고 생각했다. 그래서 다른 사람이 자기보다 높아질까 두려워 서로 견제하며 감시하기도 했고 그들 중 둘은 자기 어머니를 보내 예수님을 회유하려고까지 했다. 다른 제자들은 이 소식을 듣고 크게 분노하였다. 이 이야기는 우리의 욕심을 경계할 것을 충고한다. 남이 잘되는 것을 용납하지 못하는 습성을 꼬집는 것이다.

바울은 이를 두고 "오직 겸손한 마음으로 각각 자기보다 남을 낫게 여기라"고 권면하였다.빌 2:3하 겸손이란 자기 자신을 비하하는 것이 아니라 다른 사람을 높이는 것이다. 그래서 겸손한 사람은 자신보다 다른 사람이 더 잘되는 것을 좋아한다. 어떤 사람들은 그러면 "나는 어떡하나?" 하고 반문할 지도 모르지만 그런 걱정은 할 필요가 없다. 하나님이 나에게 역사하실 것이기 때문이다. 내가 하나님의 왕국 안에 있는데 왜 걱정하는가. 하늘을 날아다니는 새를 살피시는 하나님의 눈, 그 눈이 나를 지켜보고 계신다.

먼저 그의 나라와 의를 구하라

　기독교 영성을 말할 때 우리가 반드시 기억해야 할 한 가지가 있다. 그리스도 안에서 정체감과 능력을 갖고 살아야 한다는 것이다. 기독교 영성이라는 열차를 끌고 가는 엔진은 바로 예수 그리스도를 향한 복종이다. 올바른 영성을 갖고자 노력하면 예수님께 복종하는 것이 습관이 될 뿐만 아니라 아주 쉬워진다. 내면으로부터 변화를 받아들였기 때문이다.
　우리는 성경 말씀대로 사는 것이 얼마나 어려운지 잘 알고 있다. 예수님의 말씀을 그대로 실천하면서 사는 사람은 흔하지 않다. 그러나 우리가 예수님을 닮아간다면, 예수님이 우리에게 명령하신 것들이 우리 삶 속에 습관적으로 반복되면서 변화하는 자신을 발견하게 될 것이다. 만일 누군가 우리를 저주하더라도 우리는 그를 축복할 수 있다. 왜냐하면 우리 존재는 이미 하나님의 복으로 가득 채워져 있기 때문이다. 하나님의 복으로 충만한 사람은 다른 사람에게 축복이 필요하다는 것을 너무나 잘 알고 있다. 그래서 도미노처럼 다시 그들에게 축복을 전할 수밖에 없다.

하나님 나라에서 선한 일은 바로 우리가 예수 그리스도의 제자_{도제}로서 배우는 것이다. 제자의 도를 배우기 위해 가장 중요한 것이 무엇인가? 예수님은 "너희는 먼저 그의 나라와 그의 의를 구하라"고 말씀하셨다. 그렇게 하면 약속된 복을 주시겠다고 하셨다.

성경에 있는 아름다운 약속들은 모두 다 사실이고 누구든지 그 약속을 유업으로 받을 수 있다. 이 세상에 있는 그 어떤 부귀영화도 그것에 비할 바 없다. 강건한 영성으로 하나님 나라의 선함이 우리에게 흘러들어 오도록 해야 한다. 그리스도의 모든 제자들이 하나님의 왕국 안에서 더 선명한 정체성과 강한 능력으로 든든히 서기를 바란다.

6강 _ 예수님께 받는 생명의 능력

·· 달라스 윌라드

레노바레의 개념을 잘 설명해 주는 성경 구절이 있다.

"그러므로 우리가 낙심하지 아니하노니 우리의 겉사람은 낡아지나 우리의 속사람은 날로 새로워지도다…우리가 주목하는 것은 보이는 것이 아니요 보이지 않는 것이니 보이는 것은 잠깐이요 보이지 않는 것은 영원함이라" 고후 4:16, 18

바울은 자신의 겉사람은 날마다 죽어가고 있는 반면 속사람은 날마다 강건해지고 있다고 한다. 바로 그 속사람이 '강건해진다', '새롭게 된다'는 표현에서 '레노바레'라는 말이 나왔다.

또한 바울은 이것을 역설적으로 설명한다. 보이지 않는 것이 영원한 것이고, 보이는 것은 잠시 있다가 없어지는 것이다. 우리는 보이는 것을 볼 때가 아니라 보이지 않는 것을 볼 때 새롭게 된다. 영원한 생명을 소유한다는 것은 하나님 나라와 왕국에 있는 모든 것을 끊임없이 받아들이는 것을 의미한다. 영이신 그리스도라는 실재를 우리가 끊임없이 받아들일수록 이 세상이 우리에게 줄 수 없는 삶, 세상과 차원이 다른 삶을 살 수 있게 된다. 그래서 바울은 우리가 세상에 속해 있지만 세상에 속한 사람이 아니라고 말했다.

영과 육의 전쟁

많은 사람들이 예수님을 진정으로 사랑한다. 우리도 수없이 예수님을 향해 사랑한다고 고백한다. 또한 주님께 온갖 경배의 말로 찬미를 드림에도 불구하고 예수 그리스도 안에 있는 생명을 누리지 못하는 사람들이 너무나도 많다. 왜냐하면 아직도 영과 육의 전쟁 한복판에 갇혀 있기 때문이다.

우리는 이 전쟁에서 반드시 이길 수 있다. 예수님의 거룩함과 능력이 우리 안에 살아 있기 때문에 더 이상 패배할 이유가 없다. 우리에게는 선택권이 있다. 사도 바울의 말처럼 그리스도 예수 안에 있는 생명의 성령의 법이 죄와 사망의 법에서 우리를 해방했기 때문이다.롬 8:2 참조 만약 하나님께서 하늘로부터 성령을 우리에게 부어주시지 않았다면 우리에게는 아무런 선택권이 없을 것이다.

우리의 영은 어떻게 치유될 수 있는가? 하나님께 초점을 맞추고 그 안에서 안식을 취해야만 치유될 수 있다. 그 관계가 어긋난다면 치유는 불가능하다. 진심으로 치유 받고 싶다면 다시 하나님께로 돌아가서 예수 그리스도를 통한 성령의 기름 부음을 받아야만 한다. 사도 바울은 우리 인간에게는 옳은 것을 행할 능력이 없다고 했다.

"내가 원하는 바 선은 행하지 아니하고 도리어 원하지 아니하는 바 악을 행하는도다 만일 내가 원하지 아니하는 그것을 하면 이를 행하는 자는 내가 아니요 내 속에 거하는 죄니라 그러므로 내가 한 법을 깨달았노니 곧 선을 행하기 원하는 나에게 악이 함께 있는 것이로다. 내 속사람으로는 하나님의 법을 즐거워하되 내 지체 속에서 다른 법이 내 마음의 법과 싸워 내 지체 속에 있는 죄의 법으로 나를 사로잡는 것을 보는도다" 롬 7:19-23

여기서 '법'은 하나의 원동력, 곧 어떤 힘을 의미한다. 하늘로부터 나신 예수 그리스도라는 인격체를 우리에게 흘러들어 오게 하는 어떤 힘이 있다. 사실 하늘로부터 거듭나지 않은 사람도 무엇이 옳고 그른지 분별할 수 있는 능력이 있다. 그러나 그들이 선하다고 알고 있는 그것을 행할 능력이 없다는 것이 문제다.

소크라테스나 플라톤, 아리스토텔레스 같은 헬라 철학자들도 모두 선이 무엇인지 알았고 선을 추구했다. 그러나 그들은 결코 선을 행할 수 없었다. 그 아름다운 헬라 문명의 사람들 역시 끊임없이 동족과 싸우고 죽이는 상황을 결코 그치지 못했다. 결국 주전 3세기에 로마인들을 불러들여 동족끼리 죽이는 것을 막아 달라고 도움을 청해야 했다. 주후 1세기, 곧 예수 그리스도께서 역사의 현장으로 발을 내딛으시고 그의 제자들이 2, 3세기에 걸쳐 복음을 전하기 시작하자 비로소 헬라 철학자들은 지난 700년 동안 부르짖어 온 '선을 행하는 방법'을 터득했다. 그래서 고대 지중해 연안 사람들이 예수 그리스도를 영접한 것이다.

20세기 초반 영국의 한 신학자는 아리스토텔레스 이후 처음으로 바울을 통해서 헬라 철학이 꽃피기 시작했다고 주장했다. 이는 전적으로 맞는 말이다. 기독교 복음은 바로 헬라 철학과 로마 문화 안에서 자라나 찬란히 꽃피고 전 세계로 확산되었다. 그것은 칼과 권력의 힘으로 성취

한 것이 아니라 개인의 변화된 삶을 통해서 이루어졌다. 한 사람의 피부가 다른 사람의 피부와 맞닿는 일대일의 관계 속에서 지속적으로 퍼져 나간 것이다. 그렇게 되기까지 수많은 그리스도인들이 무덤 같은 곳에 숨어 예배를 드려야 했다. 그러나 그들의 내면에 흐르는 예수 그리스도의 생명의 능력만은 숨길 수가 없었다.

갈라디아서에서 바울은 다음과 같이 말하고 있다.

"내가 이르노니 너희는 성령을 따라 행하라 그리하면 육체의 욕심을 이루지 아니하리라 육체의 소욕은 성령을 거스르고 성령은 육체를 거스르나니 이 둘이 서로 대적함으로 너희가 원하는 것을 하지 못하게 하려 함이니라" 갈 5:16-17

이것이 바로 우리 인간이 직면한 문제다. 그래서 예수님이 친히 이 땅에 오셨다. 예수님의 제자로서 어떻게 살아야 할 것인지, 우리가 선하고 옳다고 생각하는 그것을 어떠한 방법으로 해낼 수 있는지를 우리에게 가르쳐 주고 보여 주시기 위해서이다.

우리를 사로잡는 욕망

사람들은 대부분 우리가 실제로 죄를 완전히 정복하는 것은 불가능하다고 생각한다. 그래서 은연중에 로마서 7장의 말씀처럼 늘 죄와 갈등하면서 살다가 죽게 되리라고 믿는다. 많은 사람들이 진심으로 그리스도를 사랑하지만 그분을 닮아 가며 성장하는 것은 배우지 못한다. 그 이유는 '육'이라는 개념을 제대로 파악하지 못하고 있기 때문이다. 그리고 '영'이 '육'을 어떻게 다스리게 되는지 알지 못하기 때문에 예수 그리스도의 모습을 닮아갈 수 없는 것이다.

우리는 더 이상 로마서 7장의 영역에 살고 있지 않다. 로마서 8장은 이렇게 시작된다.

> "그러므로 이제 그리스도 예수 안에 있는 자에게는 결코 정죄함이 없나니 이는 그리스도 예수 안에 있는 생명의 성령의 법이 죄와 사망의 법에서 너를 해방하였음이라" 롬 8:1-2

예수 그리스도 안에 있는 우리는 죄와 사망의 법에서

해방되었다. 이제 우리에게 적용되는 것은 바로 생명의 성령의 법이다.

그러면 육신, 곧 '육'이라는 것은 무엇인가? 육신은 우리가 흔히 말하는 몸이나 육체가 아니라 본질적으로 인간의 갈망 혹은 욕망을 의미한다. 소욕이라는 단어에 어원을 둔 '에피수미아'$\epsilon\pi\theta\upsilon\mu\iota\alpha$는 어떤 것에 눈이 사로잡히면 그것을 소유할 때까지 계속 붙잡고 매달리는 것을 말한다. 모든 욕망이 다 그렇다. 우리는 이 사실을 겸허히 받아들여야 한다.

욕망은 우리를 지속적으로 사로잡는다. 그것은 마치 아이가 장난감을 보고 반응하는 모습과 같다. 무조건 갖고 싶다고 떼쓰는 아이에게 부모가 "안 된다"고 말해도 그 아이는 그것을 계속 원한다. 아이는 장난감을 달라고 울어대고 그 상황을 엉망으로 만들어 버린다. 하지만 우리는 시간이 좀 지나고 나면 상황이 완전히 달라진다는 사실을 잘 알고 있다. 불과 몇 분만 지나도 아이는 또 다른 것에 집착한다.

성인들도 마찬가지다. 욕망에 도취되면 이런 상황으로 자기를 몰아간다. 욕망의 특징은 무엇이 선하고 옳은지 생각하지 않는다는 점이다. 강한 욕망에 사로잡히면 분별력을 잃게 된다. 자기에게 상처를 준 사람을 향한 복수의 욕망은 더욱 그렇다. 절대로 그것을 놓지 못하기 때문에 그 관계로부터 자유로워질 수도 없다. 복수의 욕망은 끊임없이 나를 옥죄고 잡아당기는 포승줄과 같다. 용서가 귀하고 중요한 이유는 우리가 용서할 때 비로소 복수에 대한 욕망을 끊어 버릴 수 있기 때문이다. 이것은 마치 스스로 만든 감옥에서 뛰쳐나오는 것과 같다. 용서는 자신을 자유롭게 하는 가장 빠른 방법이기도 하다. 기독교 영성에서 용서만큼 중요한 가치가 또 있을까.

그래서 예수님도 "서서 기도할 때에 아무에게나 혐의가 있거든 용서하라 그리하여야 하늘에 계신 너희 아버지께서도 너희 허물을 사하여 주시리라"막 11:25고 말씀하셨다. 우리가 기도하는 것과 죄를 용서하는 것은 매우 깊은 관계가 있다. 우리가 용서하지 않을 때 그 용서하지 않는 행위는 우리를 하나님의 왕국에서 벗어나게 만드는 원인이 된다. 반대로 우리가 용서라는 영역으로 발을 내디딜 때 그와 동시에 기도라는 신성한 영역에 발을 들여놓게 된다. 우리가 서 있는 그곳이 하나님 나라이며, 하나님 나라 안에 있는 그 자체가 나로 하여금 용서할 수 있는 힘을 주기 때문에 용서와 기도는 서로 뗄 수 없는 관계다.

욕망은 우리에게 대립과 혼란 그리고 헛된 기대감과 망상을 계속해서 불러일으킨다. 갈라디아서 말씀을 보면 이를 더욱 확실히 알 수 있다.

"육체의 일은 분명하니 곧 음행과 더러운 것과 호색과 우상숭배와 주술과 원수 맺는 것과 분쟁과 시기와 분냄과 당 짓는 것과 분열함과 이단과 투기와 술 취함과 방탕함과 또 그와 같은 것들이라 전에 너희에게 경계한 것 같이 경계하노니 이런 일을 하는 자들은 하나님 나라를 유업으로 받지 못할 것이요" 갈 5:19-21

욕망, 곧 육체의 일은 시기와 분냄과 당 짓는 것과 분열함과 이단과 투기와 술 취함과 방탕함과 같은 것들이다. 구체적인 예를 보자. 우리가 술에 취하면 어떤 감정이 생기게 되고 그 감정은 우리의 갈망과 욕구를 지배한다. 그러나 이것은 결과적으로 우리에게 허망함과 실패감을 안겨 줄 뿐 결코 만족을 주지는 못한다. 그래서 갈라디아서 6

장 8절은 자기의 육체를 위하여 심는 자는 육체로부터 썩어질 것을 거두게 된다고 했다.

에베소서 4장 22절에서 바울은 거짓된 욕망에 대해서 말한다. 욕망은 언제나 우리를 속인다. 욕망은 우리에게 어떤 약속을 주는데 그 약속은 인간의 만족도와 깊은 관계가 있다. 욕망이 주는 약속, 곧 '만족'은 결코 우리에게 주어지지 않는다. 그래서 결국 우리의 마음과 심령을 갈기갈기 찢어 놓고 만다. 육은 결코 충족되지 않으며 나 자신이 육을 충족시키기 위해 노력하면 할수록 나의 인생은 파괴된다.

그래서 베드로는 누누이 말하기를, 영과 대립되는 육체의 정욕을 제어하라고 당부했다.벧전 2:11 참조 예수님의 형제인 야고보 사도는 "너희 중에 싸움이 어디로부터 다툼이 어디로부터 나느냐 너희 지체 중에서 싸우는 정욕으로부터 나는 것이 아니냐"약 4:1라고 하였다. 다툼을 일으키는 것은 정욕이다. 욕망은 언제나 사람들을 갈라놓는다. 마음속에 끊임없이 우리를 회유하는 목소리가 들려온다. '네가 원하는 것을 놔두고 갈 수 없잖아.' 그래서 우리는 끊임없이 싸우고 갈등하고 있으며 이것이 바로 인간이 사는 세상이다.

영, 선택할 수 있는 의지

영의 소욕과 육신의 소욕은 서로 대립한다. 그로 인해 우리는 행하고자 하는 선을 이루지 못하게 된다. 그러나 우리는 하나님 나라에 속한 사람들이다. 또한 그 무엇보다 더 예수님을 사랑한다. 예수님이 하라고 하시는 그것을 하기 원한다.

예수님은 우리에게 "분노를 버려라. 다른 사람을 정죄하는 마음을 내려놓으라"고 하셨다. 그러나 우리는 운전을 하다가 교통사고가 났을 때 이 말씀을 떠올리기가 쉽지 않다. 어떻게 내 차를 들이받은 그 사람을 사랑할 수 있겠는가. 바로 그 사고 현장의 한복판에서 내 안에 있는 육과 영이 분명히 싸울 것이다. 어쩌면 그것이 갈등으로 빚어지고 더 나아가 분노로 폭발할 수도 있다. 혹은 화가 난 김에 상대방을 향해 "이 나쁜 인간아!" 하고 욕할 수 있다.

그러한 예는 얼마든지 많다. 어떤 열망이 있었는데 그것이 좌절되었다 치자. 그럴 때 우리는 과연 탈출구를 찾을 수 있겠는가? 우리가 탈출구를 찾기 위해서는 반드시 '영'에 대해 알고 있어야 한다. 여기서 말하는 '영'은 성령이 아니라 인간의 영을 의미한다. 영은 육신에 갇혀 있지 않은, 육신이 없는 개인적인 능력이다. 우리에게는 모두 영이 존재하며 그것은 무엇을 선택할 수 있는 능력이다.

욕망이 내게 무언가를 하도록 강요한다. 강요한다는 것은 하나의 충동이며 별개의 힘이다. 그러나 내 영은 스스로 선택할 수 있다. 무엇이 좋은지 판단하고 그것을 추구하면 된다. 사도 바울은 로마서 7장 12절에서 말하기를, 법은 거룩하고 의롭고 선하다고 하였다. 우리의 영은 법을 보는 순간 그것이 유익하다는 것을 알아차렸다. 그래서 그 법대로 살기를 원한다. 하지만 자신의 힘으로는 도무지 할 수가 없다. 그래서 사도 바울은 "오호라 나는 곤고한 사람이로다 이 사망의 몸에서 누가 나를 건져내랴"라는 질문으로 로마서 7장을 끝내고 있다. 그리고 그 해답이 바로 8장 첫머리에 나오는 하나님의 영, 곧 성령이다.

하나님의 영은 인간의 영에게 와서 그와 동행하신다. 성령은 우리의 영과 손을 잡고 걸어가면서 가르치고 인도하시는 분이다. 무엇이 선한 것인지 알려 주고 그것을 선택할 수 있도록 도와준다. 바울은 말하기를 '내 속, 곧 내 육신에는 선한 것이 존재하지 않으나 하나님의 영이 나의 영을 자유케 하신다'고 하였다.롬 7:18; 8:2 참조 이는 곧 하나님의 영이 인간의 영으로 하여금 무엇이 죄이며, 무엇이 의로운 것인지 분별할 수 있게 해준다는 말이다. 또한 옳은 것의 아름다움과 선함을 알 수 있게 해 준다.

성령님은 두 가지, 곧 하나님의 말씀과 성령의 임재를 통해서 옳은 것을 선택할 수 있는 능력을 주시고, 바로 그 능력이 육신의 소욕, 곧 우리의 욕망을 지배한다. 육신의 소욕과 나의 영이 나누는 대화는 이렇다. 육신의 소욕은 말한다. "내가 꼭 그것을 가져야 해요." 그러면 영은 대답한다. "잠깐 기다려라." 우리는 늘 이런 대화 속에서 살아간다.

한경직 목사님의 삶을 기록한 책 한 권을 선물 받았는데 그 안에 이런 이야기가 있었다. 한경직 목사님은 13세 소년일 때 16세 소녀를 만나 결혼하셨다고 한다. 비록 어린 나이였지만 두 사람은 결혼할 때 이런 약속을 했다고 한다. "남편이 아내를 언짢게 한다면 아내는 방에서 조용히 나와 부엌에 가서 몇 시간을 보내기로 하자. 그리고 만일 아내가 남편을 속상하게 한다면 남편은 방에서 조용히 나와 동네 골목길을 몇 시간 동안 배회해야 한다." 이 약속은

60년 동안 잘 지켜졌고 두 분은 아주 아름다운 부부의 삶을 사셨다고 한다. 그래서 그 가문에는 이러한 전통이 계속 이어지고 있다. 이 얼마나 아름다운 선택인가.

그러나 반대로 욕망은 우리에게 어떤 결과를 주는가? 나는 욕망을 따르는 사람들이 서로 사랑한다고 말하면서 얼마나 많은 상처를 주고받는지 잘 안다. 그러나 하나님의 영으로 말미암아 우리에게 옳은 것을 선택할 기회가 주어질 때 우리는 대안, 곧 탈출구를 찾을 수 있다. 한경직 목사님의 일화는 하나님의 영이 그 두 사람의 영을 사로잡고 계셨다는 것을 보여 준다. 이렇게 우리의 의지는 성령의 의지와 동역하도록 지음 받았다.

성령이 이끄시는 방향

그렇다면 인간의 의지가 해야 할 일은 무엇인가? 바로 하나님께 모든 선택권을 드리고 하나님이 우리 삶 속에서 움직이고 역사하실 것을 기대하는 것이다.

애석하게도 지금 우리가 갖고 있는 문화적 관습들은 물

론이고, 심지어 교회에서 배우는 종교적 관습들조차도 우리가 옳은 것을 선택하는 데 별다른 도움을 주지 못하고 있다. 뿐만 아니라 그 자체가 하나의 율법으로 인식되고 있는 형편이다. 그러나 예수님은 당신의 제자가 된 우리를 인간의 모든 유전과 관습과 전통에서 해방시키신다. 그래서 어느 교단에 속해 있든지 간에 누구라도 예수님의 제자가 되기 위해 예수님께 와서 배울 수 있다.

물론 어떤 교단에 속해 있는 사람이 다른 교단에 속해 있는 사람을 보면서 '저 교단 사람은 왜 저렇게 이상하고 황당한 일들을 할까?' 하는 생각을 할 수 있다. 혹은 '나 외에는 다 틀렸다'고 생각할 수도 있다. 인간의 전통은 계속 이렇게 우리를 혼란스럽게 한다. 종교도 마찬가지다. 그럼에도 불구하고 우리는 그리스도인으로서 서로를 수용해야 한다. 교리로는 결코 통합을 이룰 수 없지만 오직 예수 그리스도의 제자 됨을 통해서는 가능하다.

선을 향한 이러한 의지가 기독교인들 사이에서도 얼마나 턱없이 모자라는지 종종 보게 된다. 그럴 때마다 우리는 데살로니가전서 5장이 주는 권고를 잊지 말아야 할 것이다.

"삼가 누가 누구에게든지 악으로 악을 갚지 말게 하고 서로 대하든지 모든 사람을 대하든지 항상 선을 따르라" 살전 5:15

성령님이 우리를 이끄시는 방향은 '선'이다. 우리가 단지 욕망만 갖고 있다면 결코 선한 쪽으로 갈 수 없다. 그러나 우리의 영과 그 영이 갖고 있는 선택권을 성령님께 내어드리면 우리는 곧 선을 알게 되고 그것을 따르게 된다.

그리스도 예수 안에 있는 우리를 향한 하나님의 뜻은 항상 기뻐하고 쉬지 말고 기도하고 범사에 감사하는 것이다. 살전 5:16-18 참조 우리의 영을 거룩하신 하나님의 영에 순복시킬 때 하나님이 약속하신 선한 것들이 우리에게 쏟아 부어진다.

누가복음 6장 말씀을 보자.

"그러나 너희 듣는 자에게 내가 이르노니 너희 원수를 사랑하며 너희를 미워하는 자를 선대하며 너희를 저주하는 자를 위하여 축복하며 너희를 모욕하는 자를 위하여 기도하라 너의 이 뺨을 치는 자에게 저 뺨도 돌려대며 네 겉옷을 빼앗는 자에게 속옷도 거절하지 말라 네게 구하는 자에게 주며 네

것을 가져가는 자에게 다시 달라 하지 말며 남에게 대접을 받고자 하는 대로 너희도 남을 대접하라" 눅 6:27-31

이 모든 것이 어떻게 가능할까? 우리가 진심으로 예수 그리스도의 영에 순복할 때 바로 우리의 의지가 하나님의 의지를 힘입어 이 아름다운 선을 실현할 수 있다. 그러나 한 가지, 꼭 기억하고 명심해야 할 것이 있다. 그것은 내가 이것을 하려고 노력하면 안 된다는 사실이다.

우리는 선한 일 자체를 하려고 노력하기보다 선한 사람이 되려고 노력해야 한다. 속으로는 분노에 치를 떨고 이를 갈면서 겉으로만 다른 뺨을 댄다 한들 무슨 소용이 있겠는가. '네가 왼쪽 뺨을 때렸으니까 예수님의 말씀대로 내가 오른쪽 뺨을 대어주긴 하는데 이후의 일은 장담할 수 없다'는 식으로 하는 것은 결국 예수님의 뜻을 거스르는 일이 된다.

우리가 예수 그리스도의 제자가 되고자 하면 끊임없이 유혹을 받게 된다. 또한 서로 상처를 주고 모욕하고 해를 입힐 수 있는 사람들에게 그대로 노출된다. 유혹과 위험이 있을 수 있다는 사실을 충분히 인식하고 나에게 상처를 준 사람들을 품을 수 있는 공간을 남겨 놓아야 한다. 내게 상처를 준 사람에게 선으로 갚겠다는 마음가짐이 필요한 것이다.

주의 영으로 말미암아

예수님이 하라고 하신 그것을 하기 원하는 것만으로는 안 된다. 우리 내면의 속사람이 변화되고 영과 육의 전쟁에서 승리를 거두기 위해 우리의 영을 온전히 예수 그리스도께 순복시켜야 한다. 사도 바울은 주의 영으로 말미암아 그분의 형상을 닮아갈 수 있다고 말했다.

> "우리가 다 수건을 벗은 얼굴로 거울을 보는 것 같이 주의 영광을 보매 그와 같은 형상으로 변화하여 영광에서 영광에 이르니 곧 주의 영으로 말미암음이니라" 고후 3:18

우리는 늘 새로운 욕망에 휩싸인다. 사도 바울은 그 어떤 것도 인간의 욕망을 채울 수 없다고 하였다. 그렇다면 육신의 소욕이 더 이상 설 자리가 없도록 내 모습이 변해야 한다. 내 속사람이 변하면 나에게 상처를 준 그 사람에게 더 이상 복수하고 싶지 않게 된다. 과거에 내가 원하던 그것이 이제는 더 이상 욕망으로 다가오지 않는 것이다. 그리스도와 함께하는 삶에 들어서면 죄를 전혀 다른 각도에서 보게 된다. 죄는 더 이상 우리를 좌지우지할 수 없다.

죄와 아픔이 있는 곳에 용서와 치유와 회복이 있다. 하나님의 거룩함은 우리 안에서 지속적으로 머물러 성령의 열매를 맺게 하신다. 사랑과 희락과 화평과 오래 참음과 자비와 양선과 충성과 온유와 절제가 바로 나를 통해 실현되는 것이다. 하나님은 우리를 이 거대한 우주 속에 영원히 거할 영적 존재로 창조하셨다. 우리가 그렇게 영원히 존재할 것이라는 사실 때문에 우리는 끊임없이 기뻐할 수 있는 것이다.

우리가 주의 형상으로 변화하는 것, 곧 예수 그리스도의 제자가 되는 것만이 모든 문제를 푸는 열쇠가 된다. 예수 그리스도의 제자가 되는 것을 목표로 삼고 우리의 삶과 사역을 건축해 나간다면 그리스도의 능력이 전 세계를 휩쓸고 강타하는 역사의 현장을 목격하게 될 것이다.

7강_ 성령 안에서 기도하라

•• 달라스 윌라드

전 세계적으로 한국 교회에 대해 알려진 소문이 하나 있다. 바로 한국 교인들은 기도의 사람들이라는 사실이다. 이것은 한국 사람들이 겪은 깊은 고난에서 우러나온 영성임에 틀림없다. 나는 한국 교회가 이렇게 부흥한 것도 기도의 힘이라고 믿는다.

우리가 모이기를 힘쓰는 것은 기도하기 위함이다. 우리의 기도를 돕기 위해 나누고 싶은 첫 번째 말씀은 "항상 기뻐하라"는 것이다. 예수 그리스도를 좇아 사는 그리스도인에게 이 말씀은 주옥과도 같다. 이 말씀을 묵상해 보자. 우리는 정말 항상 기뻐할 수 있을까? 여기서 말하는 기쁨이란 우리 마음을 파고 들어오는 기쁨을 말한다. 이것은 어떤 만족감이다.

그리스도인들은 아무리 슬픈 현실에 처하더라도 기도하고 있다면 기쁨을 느낄 수 있다. 사도 바울은 자신의 사역을 일컬어 '내가 슬픔에 처하나 항상 기뻐한다'고 했다. 우리가 예수 그리스도를 믿고 신뢰할 때 우리는 하나님의 공기를 들이마시며 살 수 있다. 그래서 '항상 기뻐'하고 그로 인하여 '쉬지 않고 기도' 할 수 있으며 '범사에 감사'하게 된다.

성령 안으로 들어가라

 분명히 성경은 '모든 범사로 인하여' 감사하라고 말하지 않는다. 때로 우리에게 좋지 않은 일이 일어나기도 한다. 그리고 그것을 고스란히 겪게 된다. 그러나 우리는 그런 중에도 감사할 수 있다. 항상 기뻐하고 쉬지 말고 기도하고 모든 일에 감사할 수 있게 하시는 하나님의 능력을 우리 모두 알게 되기를 진심으로 바란다.
 사도 바울은 에베소서 6장 18절에서 "모든 기도와 간구를 하되 항상 성령 안에서 기도하고"라고 했다. 이 말씀은 우리를 위로하시는 '대위로자'가 있음을 알려 준다. 바울은 우리에게 '성령 안에서' 기도하라고 한다. 세상 속에서 어떠한 상황에 처하게 된다 할지라도 우리는 반드시 성령 안으로 들어가야 한다. 어떤 문제에 봉착했을 때, 어떤 고난 가운데 있을 때, 우리가 성령 안에 거하면 그것은 더 이상 우리를 괴롭히지 못한다.
 로마서 8장에도 이런 사실을 일깨워 주는 말씀이 있다. 어느 누구도 제대로 기도할 수 없지만 성령님은 우리의 연약함을 도우시는 분이라고 말씀한다. 우리는 기도하다가 한숨을 내쉴 때도 있다. 그러나 우리는 울면서도 기뻐할 수 있는 자들이다. 왜냐하면 기도하는 그곳에서 하나님의 성령이 우리와 함께하시는 것을 느끼고 경험할 수 있기 때문이다.

이번에는 예수님께서 기도에 대해 친히 하신 말씀에 귀 기울여 보자.

"예수께서 그들에게 항상 기도하고 낙심하지 말아야 할 것을 비유로 말씀하여" 눅 18:1

의지할 곳 없는 한 여인이 억울한 일을 당해 재판장을 찾아갔다. 이 재판장은 하나님을 두려워하지 않고 사람을 무시하는 자였다. 그러나 그 여인은 한 가지 소원을 가지고 끊임없이 그 재판장을 찾아갔다. 그는 하나님도 무섭지 않고 사람도 무섭지 않았지만 이 여인이 끈질기게 찾아와 하소연했기 때문에 결국 그녀의 강청을 들어줄 수밖에 없었다.

물론 우리가 하나님을 찾아갈 때 하나님이 그런 태도로 우리를 맞으시지는 않는다. 사실 하나님은 우리가 문제를 갖고 끊임없이 찾아오기를 원하신다. 그리고 그런 하소연을 다 들어주시고 우리의 아픔을 어루만지시며 우리의 마음 중심을 보신다.

이 비유를 통해 예수님께서 우리에게 가르쳐 주고자 하시는 것은 바로 '구하는 능력'이다. 우리가 하나님께 무엇을 요청할 수 있을까? 우리가 하나님께 구할 때 오는 반응은 굉장히 심오하다. 바로 우주적인 능력을 받을 수 있는 것이다.

세상에서 가장 강력한 힘

프랭크 루박 Frank C. Laubach은 20세기를 살다 간 위대한 크리스천 사상가이다. 그는 필리핀 선교사로 사역하면서 기도의 비밀을 터득했고, "기도는 세상에서 가장 강력한 힘"이라고 말했다.

우리는 기도하면서 하나님과 동역하는 방법을 배운다. 하나님은 우리에게 언제든지 찾아가서 그분께 구할 수 있는 특권과 구한 대로 받을 수 있는 특권을 주셨다. 우리가 기억할 것은 하나님이 갖고 계신 모든 것을 우리에게 다 주시고 싶어도 우리가 다 받지 못한다는 사실이다. 그러나 기도를 통해서 우리는 하나님의 능력을 공유하는 자리로 나아갈 수 있다. 우리가 기도하면 계속 그 자리에 서 있을 수 있다. 기도 가운데 그것을 깨달을수록 더 많은 하나님의 능력을 공유하게 된다.

나에게 기도에 대한 정의를 묻는다면 "기도는 다스리는 훈련"이라고 말하고 싶다. 우리는 하나님의 임재 안으로 들어가서 그분 안에 머물러야 한다. 다시 말하면 하나님 앞에서 그분께 주의를 기울이고 하나님을 하나님으로 인정해야 한다는 뜻이다. "하늘에 계신 나의 아버지시여!" 나는 때로 이 말을 아주 긴 시간 동안 계속해서 되뇐다. 집에서 학교까지 차를 몰고 가는 동안 계속해서 "하늘에 계신 나의 하나님, 우리 아버지시여" 하고 반복한다.

우리가 하나님 앞에서 우리의 위치를 바로 잡을 때 우리는 하나님께 무엇이든지 구할 수 있다. 확신하건대 이것은 다름 아닌 하나님이 원하시는 일이다. 하나님 앞에 우리가 바라는 것들을 고스란히 내어드릴 때 하나님이 그대로 들어주시는 것을 목도하게 될 것이다.

우리가 하나님께 요청할 때 가장 큰 효력을 발휘하는 부분은 우리가 현재 처해 있는 상황과 앞으로 닥칠 일에 대해서이다. 오늘 나의 관심사는 무엇인가? 바로 나의 관심이 있는 그 영역을 하나님이 통치하기 원하신다. 하나님께 기도하는 가장 좋은 방법은 우리가 하는 모든 일을 하나님과 의논하는 것이다. 그런 과정 속에서 우리는 기도 안에 머무르는 삶을 배우게 된다.

기도 안에 머물라

무슨 일을 하든지 누구를 만나든지 우리는 하나님의 시야에서 벗어나지 않는다. 내가 교수실에서 나와 강의실까지 걸어갈 때에도 하나님은 나를 지켜보고 계시기 때문에 나는 기도하면서 걸어간다. 한 학생을 만난 다음 다른 학생을 만나기 전까지 그 시간에도 역시 기도 가운데 머문다. 물론 때로는 아주 먼 곳에 있는 일이나 큰일을 위해 기도할 때도 있다. 그러나 내 기도의 대부분을 차지하는 것은 바로 오늘 내가 살고 있는 삶의 현장에 있는 관심사들이다. 그리고 내가 지금 하고 있는 일 가운데 현재진행형으로 역사하고 있는 하나님의 손길을 경험한다. 우리 모두 이것을 습관화 할 수 있다.

우리는 종종 기도하는 것보다 걱정하는 것을 습관으로 삼는다. 걱정하는 대신 기도하는 것이 훨씬 유익한데도 말이다. 우리가 너무나 자연스럽게 무의식적으로 근심하고 염려하듯이 기도 역시 습관만 되면 아주 자연스럽게 무의식적으로 기도 안으로 들어가 머물 수 있다.

걱정만 하면 우리는 혼자다. 성령은 우리가 염려하는 것을 돕지 않으신다. 그러나 우리가 기도하는 것은 기꺼이 도우신다. 기뻐할 수 있게 하시며 범사에 감사할 수 있게 하신다.

우리가 하는 모든 일에 하나님이 함께하시도록 기도의 습관을 기르자. 그래서 하나님의 임재를 늘 경험하며 살고, 기도를 통해 세상으로 뻗어 나가자. 우리의 기도를 통해서 온 세상을 변화시킬 수 있다. 기도는 세상에 존재하는 최고의 능력과 힘이다.

8강_ 그리스도인의 고난과 겸손

·· 성영 탠

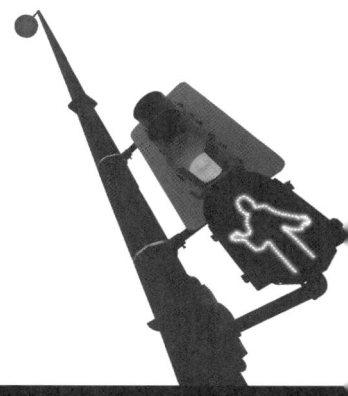

성영 탠Siang-Yang Tan은
풀러 신학교에서 심리학 교수로 사역하며
글렌데일에 있는 First Evangelical Church에서 목회자로 섬기고 있다.
저서로는 *Lay Counseling, Managing Chronic Pain,
Rest: Experiencing God's Peace in a Restless World* 등이 있다.

기독교 영성에서 고난과 겸손은 매우 중요한 요소다. 현재 하나님의 자비와 긍휼하심에 힘입은 수많은 사람들이 하나님의 손길을 경험하고 있다. 이러한 현상은 미국 교회뿐 아니라 아시아와 전 세계 교회에서 두드러지게 나타나고 있다. 그들은 계속해서 변화된 삶을 통해 하나님께 영광을 돌리고 있다. 그러나 바로 이 시점에 위험도 함께 도사리고 있다. 하나님을 위해 우리가 위대한 일을 할 수 있다고 생각하는 것과 그 성공에 도취되는 것은 매우 위험한 일이다.

현대 개신교 선교의 아버지 윌리엄 캐리William Carrey는 이렇게 말했다. "우리는 하나님을 위해서 위대한 일을 할 수 있어야 한다. 또한 우리는 하나님으로부터 위대한 것을 기대할 수 있어야 한다." 그가 강조하고 싶었던 것은 하나님 자체의 위대함이다.

세상이 주는 여러 가지 유혹 때문에 오늘날의 교회도 성공이라는 개념에 집착한다. 그래서 끊임없이 하나님을 위해 어떤 업적을 남기려고 애쓴다. 그러나 우리는 늘 무엇이 더 성경적이고, 더 기독교적이고, 더 영적인가에 관심을 가져야 한다. 즉, 하나님을 위해 '위대한 일을 하는 것'이 아니라 '위대한 하나님을 위해' 무언가를 한다는 데에 초점을 맞추어야 한다.

큰 사랑으로 작은 일을 하라

우리가 '위대한 하나님을 위해' 무언가 하기 시작한다면 우리의 초점은 위대한 일이 아닌, 위대한 하나님께로 향할 수밖에 없다는 것이다. 때로 그 하나님이 우리에게 "아무것도 하지 말라"고 하실 수도 있다. 만약에 하나님이 "넌 아무것도 안 해도 된다"고 말씀하셔도 감사해야 한다. 그러나 우리는 하나님께서 한 계절 동안 아무것도 하지 말라고 하신다면 몹시 괴로워할 것이다. 누구를 막론하고 사람들은 아무것도 하지 않으면 고통스러워하기 때문이다. 결국 우리 인간은 끊임없이 무엇인가에 동기부여를 받고 어떤 활동을 계속해서 하기를 원한다.

우리는 하나님을 위해 위대한 업적을 남기고 싶어 한다. 그러나 우리가 섬기는 하나님은 때때로 우리에게 일정 기간 아무것도 하지 않는, 낭비하는 삶을 살도록 허락하시기도 한다. 하나님은 우리 한 사람 한 사람을 고독한 광야로 부르시고 하나님 앞에서 침묵과 기도 가운데 말씀만 묵상하는 삶을 살라고 하실 수도 있다. 또 하나님은 우리에게 아주 작은 일과 하찮은 일을 시키되 그것을 큰 사랑으로 하라고 요구하실 때가 있다. 그것은 병들어 누워 있는 이웃을 위해 따뜻한 국 한 그릇 가져다주는 일이나 차를 몰고 교통체증이 심한 곳을 통과해서 누군가를 데려다 주는 일일 수도 있다. 또 치료가 필요한 노약자를 병원까지 모셔드리라고 하실 수도 있다. 이것이 위대한 하나님이 우리에게 시키실 수 있는 아주 작은 일들이다.

그러다가 가끔 하나님은 우리 중에 몇 사람을 불러서 큰일을 시키시기도 한다. 한 목회자를 불러서 50명이 모이는 교회를 맡기시다가 500명, 5000명, 50000명으로 부흥시키시는 경우도 있다. 그런데 이런 일은 특수한 일이며 소수 특정인에게만 시키신다. 그러므로 우리는 위대한 일 자체가 아닌, 위대하신 하나님께 모든 초점을 맞춰야 한다. 이것이 바로 제자의 길이며, 예수 그리스도의 십자가에 이르기까지 그분을 따르는 길이다.

우리가 위대한 하나님께 초점을 맞출 때 우리는 그분

안에서 깊은 평강과 사랑과 안식을 누릴 수 있다. 또한 위대한 하나님의 인도하심을 경험하게 된다.

『풀 서비스: 셀프 서비스 기독교에서 온전한 섬김으로』 Full service: Moving from Self-Serve Christianity to Total Servanthood라는 제목의 책을 쓴 적이 있다. 이 책은 '리더십'이나 '섬김의 리더십'이 아닌 '섬김' 그 자체에 대해 말하고 있다. 미국에서는 지금 기독교 서적들이 홍수처럼 쏟아져 나오고 있는데 거의 리더십에 관한 책들이다. '크리스천 리더십' 아니면 '섬김의 리더십'이라는 제목이 붙어 있지만 섬김 그 자체에 관한 책은 찾아보기 힘들다. 또 미국에는 리더십에 관한 수많은 컨퍼런스가 있다. 그러나 기독교의 섬김에 관한 컨퍼런스는 거의 없다고 해도 과언이 아니다. 이러한 상황에서 우리는 기독교 영성에서 아주 중요한 위치를 차지하고 있는 '고난과 겸손'에 대해 깊이 생각해 봐야 한다.

하나님은 우리 각 사람에게 '하나님을 온전히 섬기라'고 하시며 섬김의 자리로 우리를 부르셨다. 예수 그리스도처럼 낮은 자리에서 겸허하게 사랑하며 섬기는 자가 되라고 하셨다. 만일 하나님께서 우리를 리더로 부르신다면 그것도 물론 나쁘지 않다. 그러나 하나님의 최초의 부르심은 리더십에 관한 것이 아니라 바로 예수 그리스도를 섬김의 자세로 따르라는 것이다. 그래서 그리스도인의 삶 속에서 고난과 겸손만큼 중요한 것이 없다.

그렇다고 고난 자체를 중시하는 것은 아니다. 고난 자체는 결코 좋은 것도 아니고 찬미할 것도 못된다. 많은 사람들이 심리학을 통해 자신들의 문제와 갈등을 극복하고자 하는 것도 고난과 직면하기 싫어서이다. 그러나 우리는 죄로 가득한 세상에 살고 있기 때문에 항상 고난에 대해 이야기한다. 어떤 고난은 우리가 하나님의 마음 깊은 곳으로 들어가기 위해 반드시 필요하다. 그래서 하나님은 우리가 감당할 수 있는 시험만 주신다고 말씀하셨다. 고전 10:13 참조 그런 의미에서 그리스도인이 당하는 고난은 어떤 고난이든 필요하고 거룩한 것들이다. 하나님은 우리에게 불필요한 고난은 주시지 않는다.

고난은 그리스도인에게만 주어지는 것은 아니다. 모든 사람이 일반적으로 당하는 고난이 있다. 타락한 세상을 살고 있는 한 우리는 모두 고난을 피할 수 없다. 모두 고난을 당하지만 세상 사람과 그리스도인이 다른 점이 무엇인가? 우리는 목적을 가지고 성장하면서 고난을 당한다. 그래서 그리스도인들의 고난은 헛되지 않다. 하나님의 은혜 가운데 하나님의 사역에 동참하고 협력하면서 고난을 헤쳐 나간다면 말이다.

그리스도의 죽으심을 본받아

예수님은 우리에게 분명히 말씀하신다.

"세상에서는 너희가 환난을 당하나 담대하라 내가 세상을 이기었노라" 요 16:33

그리스도인은 세상에서 손해를 볼 수 있다. 억울한 일을 당할 수도 있다. 그러나 그리스도인에게는 소위 말하는 '전액환불'이 된다. 하나님께서 보상해 주시기 때문이다. 예수님은 우리에게 무작정 담대하라고 말씀하시지 않는다. 아주 구체적인 근거를 제시하신다. 그것은 '내(예수 그리스도)가 세상을 이기었다'는 사실이다. 예수님은 우리가 고난을 겪을 때마다 우리와 함께하시고 그 안에서 성장할 수 있도록 지켜주시겠다고 말씀하셨다. 예수님은 그분 자신이 고난 받는 종이었기에 우리가 겪는 모든 고통과 아픔을 선지자 이사야가 예언한 그대로 겪으셨다.

빌립보서 3장에 유명한 바울의 고백이 있다.

"내가 그리스도와 그 부활의 권능과 그 고난에 참여함을 알고자 하여 그의 죽으심을 본받아" 빌 3:10

우리는 성경을 읽을 때 우리가 좋아하는 주제와 좋아하는 구절을 골라 읽는다. 어떤 사람은 한 절 안에서도 자기가 특별히 좋아하는 단어만 읽기도 한다. 그래서 많은 사람들은 빌립보서 3장 10절을 읽을 때 앞부분만 기억한다. "내가 그리스도와 그 부활의 권능과." 우리는 부활의 권능을 알기 원하기 때문에 하나님을 위해서 위대한 일을 하고 싶어 한다. 그러나 바울은 진정으로 그리스도를 알기 원하고 그분을 경험하기 원했다. 그는 그리스도를 알고 그분 안에서 자라가기 위해서는 분명 그분의 부활의 권능이 필요하다고 말한다.

그러나 바울은 예수 그리스도를 따라가기 위해서는 부

활의 권능과 더불어 예수님이 겪었던 고난에도 참여해야 한다는 사실을 누구보다도 잘 알고 있었다. 많은 사람이 지적했듯이 우리는 고난을 통과함으로써 그리스도를 알아갈 수 있다. 우리가 가진 복음주의 신앙이란 무엇인가? 그것은 그리스도 중심의 신앙이다. 또한 십자가 중심의 신앙이기도 하다. 다음 성경 구절들은 하나같이 이 핵심을 지적하고 있다.

> "사랑하는 자들아 너희를 연단하려고 오는 불 시험을 이상한 일 당하는 것같이 이상히 여기지 말고 오히려 너희가 그리스도의 고난에 참여하는 것으로 즐거워하라 이는 그의 영광을 나타내실 때에 너희로 즐거워하고 기뻐하게 하려 함이라" 벧전 4:12-13

이 구절에서 우리는 고난과 기쁨의 긴밀한 관계를 엿볼 수 있다. 고난을 통해 우리는 하나님과 더 깊고 더 아름다운 친밀한 관계의 기쁨을 경험할 수 있다.

> "모든 은혜의 하나님 곧 그리스도 안에서 너희를 부르사 자

기의 영원한 영광에 들어가게 하신 이가 잠깐 고난을 당한 너희를 친히 온전하게 하시며 굳건하게 하시며 강하게 하시며 터를 견고하게 하시리라" 벧전 5:10

"내 형제들아 너희가 여러 가지 시험을 당하거든 온전히 기쁘게 여기라 이는 너희 믿음의 시련이 인내를 만들어 내는 줄 너희가 앎이라" 약 1:2-3

우리는 이 말씀을 익히 잘 알고 있다. 그러나 주의 깊게 살펴본다면 이 말씀이 얼마나 역설적이고 이상한지 알게 될 것이다. 우리가 여러 가지 시험과 고통을 만날 때 도대체 어떻게 그것을 순전한 기쁨으로 받아들일 수 있겠는가? 그것은 굉장히 병적인 태도처럼 보인다. 마치 야고보가 고난 자체를 높이는 것처럼 보인다. 그러나 그렇지 않다. 야고보는 여러 가지 시험과 고난 가운데서도 그것을 온전히 기쁘게 여길 수 있는 이유와 비결을 3절에서 분명하게 말하고 있다. 우리 믿음의 시련이 인내를 만들어 내기 때문이다.

"인내를 온전히 이루라 이는 너희로 온전하고 구비하여 조금도 부족함이 없게 하려 함이라" 약 1:4

우리가 만나는 각종 시험과 연단은 우리에게 그리스도 안에서 성장하고 성숙해 갈 수 있는 성품으로 변화시켜 준다. 때문에 우리는 주님 앞에서 기뻐하고 감사할 수 있다.

"다만 이뿐 아니라 우리가 환난 중에도 즐거워하나니 이는 환난은 인내를, 인내는 연단을, 연단은 소망을 이루는 줄 앎이로다 소망이 우리를 부끄럽게 하지 아니함은 우리에게 주신 성령으로 말미암아 하나님의 사랑이 우리 마음에 부은 바 됨이니" 롬 5:3-5

우리가 그리스도와 닮아 가고 그리스도 안에서 성장하기 위해서는 하나님이 우리에게 부어주시는 고난을 반드시 받아야 한다.

고난 그 자체가 우리를 성숙시키는 것은 결코 아니다. 때로 고난은 사람을 더 악하게 하고 쓴 뿌리로 가득하게 한다. 우리가 그렇게 되지 않으려면 끊임없이 성령의 임재를 사모하고 성령이 우리 안에 들어오시기를 초청해야 한다. 성령께서 내 안에 들어오셔야 하나님의 사랑이 우리 마음에 부은 바 되어 우리가 고난과 갈등을 겪어도 쓴 뿌리가 자리 잡지 않고 오히려 기뻐할 수 있게 된다.

고난 속에 깨닫는 깊은 겸손

강준민 목사는 『뿌리 깊은 영성』에서 우리가 고통 속에서도 깊은 영성을 터득할 수 있어야 한다고 말했다. 그는 고난의 필요성을 이렇게 밝힌다.

"하나님께서 큰 시험을 통과하는 사람에게 큰 가치를 부여해 주신다. 하나님은 고난을 통해서 자신의 종들을 정결케 하신다. 그리고 하나님의 위대한 사역을 위해 그들을 준비시키신다. 하나님은 우리의 고통과 헌신을 통해서 아주 깊고 오묘한 방법으로 우리 안에 그리스도의 성품이 자라갈 수 있도록 역사하신다. 하나님께서 우리에게 이토록 거룩한 고난을 허락하실 필요가 있어서이다. 우리에게 그것을 통하여 하나님 앞에서 자라갈 뿐만 아니라 하나님을 온전히 사랑하고 우리 이웃과 자신을 온전히 사랑할 수 있는 방법을 깨닫게 하기 위해서이다."

요약해서 말하면 우리에게 고난이 필요한 이유는 그것을 통해서 우리가 사람을 사랑하는 것을 배우기 때문이다. 그 사랑은 세속적인 사랑이 아니라 하나님의 사랑, 아가페 사랑을 의미한다. 성령의 아홉 가지 열매를 총망라하는 깊은 사랑이 우리 안에 자리 잡게 되면 우리는 다른 사람을 향해 깊은 긍휼을 갖는 동시에 자비와 동정심도 품게 된다.

"찬송하리로다 그는 우리 주 예수 그리스도의 하나님이시요 자비의 아버지시요 모든 위로의 하나님이시며 우리의 모든 환난 중에서 우리를 위로하사 우리로 하여금 하나님께 받는 위로로써 모든 환난 중에 있는 자들을 능히 위로하게 하시는 이시로다" 고후 1:3-4

이 말씀은 우리가 고난 가운데 하나님의 위로를 경험할

때 비로소 하나님께 받은 그것을 다른 사람에게 동일하게 베풀 수 있다고 말한다. 거룩한 고난과 고통을 통해 우리는 하나님에 대한 마음이 깊어질 뿐만 아니라 예수 그리스도의 고난에 동참함으로써 다른 사람들의 고난까지 이해하고 품을 수 있는 포용력을 갖게 된다.

우리가 그리스도 안에서 자라는 영적인 성숙과 성장을 이루는 데 '겸손'은 가장 두드러진 특징이 된다. 그런 의미에서 고난과 겸손은 불가분의 관계에 있다. 우리가 겸손한 사람이 되지 않는 한 결코 예수 그리스도의 종이 될 수 없기 때문에 하나님은 고난을 통해 겸손을 가르쳐 주신다. 기독교 고전들을 읽어 보면 가장 무섭고 치명적인 죄는 교만인 것을 알 수 있다. 교회가 부흥하고 성장할수록, 우리가 성공을 거듭할수록 교만이라는 죄를 조심해야 한다. 하나님께서는 자비와 긍휼과 풍성하심으로 우리를 고난의 현장으로 돌아오도록 끊임없이 부르신다.

"아무 일에든지 다툼이나 허영으로 하지 말고 오직 겸손한 마음으로 각각 자기보다 남을 낫게 여기고 각각 자기 일을 돌볼뿐더러 또한 각각 다른 사람들의 일을 돌보아 나의 기

쁨을 충만하게 하라 너희 안에 이 마음을 품으라 곧 그리스도 예수의 마음이니" 빌 2:3-5

"그러므로 너희는 하나님이 택하사 거룩하고 사랑 받는 자처럼 긍휼과 자비와 겸손과 온유와 오래 참음을 옷 입고" 골 3:12

"젊은 자들아 이와 같이 장로들에게 순종하고 다 서로 겸손으로 허리를 동이라 하나님은 교만한 자를 대적하시되 겸손한 자들에게는 은혜를 주시느니라 그러므로 하나님의 능하신 손 아래에서 겸손하라 때가 되면 너희를 높이시리라"
벧전 5:5-6

"모든 겸손과 온유로 하고 오래 참음으로 사랑 가운데서 서로 용납하고" 엡 4:2

이 구절들을 볼 때 성경이 계속해서 강조하고 최고의 가치를 두는 것은 겸손이라는 예수 그리스도의 성품임을 알 수 있다. 우리는 겸손한 자세로 끊임없이 하나님 앞에 서 깨어진 마음을 가져야 한다. 하나님은 우리가 전적으로 그분만 의존하도록 하기 위해 우리 삶에 일어나는 모든 여건과 사건들을 계속해서 움직이신다. 그렇게 하여 우리가 하나님께 무릎 꿇을 수밖에 없게 만드시는 것이다.

마태복음 23장에는 다음과 같은 재미있는 표현이 있다.

"누구든지 자기를 높이는 자는 낮아지고 누구든지 자기를 낮추는 자는 높아지리라" 마 23:12

이 말씀은 우리가 겸손을 선택할 수 있는 것처럼 말한다. 하나님께서 우리가 겸손하도록 치시기를 기다리는 것이 아니라 우리가 먼저 겸손하기를 택하라는 것이다.

사이먼 찬Simon Chan 박사는 몇 년 전에 『영성 신학』Spiritual Theology, IVP이라는 중요한 책을 썼다. 그 책에서 그는 만일 교만이 가장 큰 죄라면(그것은 엄연한 사실이다!) 우리가 앞으로 전진할 수 있는 길은 교만에 반대되는 겸손을 갖는 것이라고 했다. 성경은 우리가 겸손을 갖도록 끊임없이 우리를 보살피고 가르치고 깨우쳐 주고 있다. 또한 인간이 자신에 대해 스스로 큰 기대를 갖는 것이 얼마나 위험한 일인지 끊임없이 경고한다.

종교 개혁가 장 칼뱅도 계속해서 이것을 강조했다. 그는 기독교의 핵심교리는 첫째도 겸손, 둘째도 겸손, 셋째도 겸손이라고 했다. 영국의 저명한 복음주의 신학자 존 스토트 또한 기독교에서 가장 가치 있고 덕목 있는 자질로 겸손을 꼽았다. 우리가 겸손하신 예수 그리스도를 통해서 하나님을 바로 안다면 이 모든 것은 결국 '위대한 하나님'으로 귀결된다.

고난을 통한 참된 훈련

리처드 포스터는 1978년에 펴낸 『영적 훈련과 성장』*The Celebration of Discipline*, 생명의말씀사을 통해 기독교 영성을 새롭게 정립하고 대중에게 널리 알리는 데 기여했다.

몇 해 전 리처드 포스터, 더글라스 그렉과 내가 함께 쓴 『성령의 훈련』*Discipline of the Holy Spirit*이라는 책은 율법주의에서 탈피하기 위해 '성령을 통해 훈련받는 삶'에 대해 이야기하고 있다. 그 책에서 나는 하나님께 가까워질 수 있는 훈련들을 소개했다. 그것은 고독과 침묵 훈련, 듣는 훈련과 인도함을 받는 훈련, 기도와 중보기도, 성경공부와 묵상 훈련, 죄의 고백, 순종, 금식, 예배, 친교, 단순함, 섬김, 전도 등이다.

『영적 훈련과 성장』에도 여러 가지 훈련 방법이 소개된다. 내적 훈련으로는 묵상, 기도, 금식, 학습이 있고, 외적 훈련으로는 단순성(정직), 홀로 있기, 복종, 섬김이 있다. 그리고 단체 훈련으로는 고백, 예배, 인도하심을 받는 훈련, 기뻐하는 훈련 등이 있다.

달라스 윌라드의 『영성훈련』 The Spirit of the Disciplines, 은성에도 두 개의 카테고리가 나온다. 절제의 훈련으로 독거, 침묵, 금식, 검약, 순결, 입이 무거움, 희생 등이 있고, 참여의 훈련으로 성경탐구, 예배, 찬양, 봉사, 기도, 친교, 죄의 고백 그리고 복종 등이 있다.

두 가지 중 어느 쪽을 따르든 영적 성장을 위해서는 이런 훈련과 지침들이 필요하다. 그러나 여기에 어떤 위험 요소가 있음을 간과해서는 안 된다. 이런 영적인 지침들이 사실은 얼마나 위험한지 모른다. 왜냐하면 그것이 율법이 될 수 있기 때문이다. 이런 작은 것들에 얽매여서 '우리가 그리스도 안에서 누구인가' 이전에 '이것들을 지키느냐 안 지키느냐'에 따라 우리의 영성을 측정할 위험이 있기 때문이다.

그렇다고 해서 이런 영적인 지침들을 무시하라는 것은 절대 아니다. 달라스 윌라드가 끊임없이 강조했듯이 우리가 영적 성장을 하기 위해서는 의도적으로 그 훈련 안으로 들어가야 한다. 그러나 이런 영적인 지침들을 따를 때에는 우리의 힘으로 하는 것이 아니라 성령의 기름부음을 통해서 행해야 한다. 그래야만 우리가 기도할 수 있고 성경을 읽을 수 있고 복음 전도를 할 수 있다. 우리가 하는 것이 아니라 성령님이 우리를 하게 하시는 것이다. 우리는 하나님과 성령님의 도움이 필요하다. 그러나 분명한 사실은 영적인 훈련 그 자체로 충족이 되지는 않는다는 것이다.

게리 토마스Gary Thomas는 참된 훈련, 진정한 훈련에 관한 책 『상 주시는 믿음』Authentic Faith: The Power of a Fire-Tested Life, 좋은씨앗을 썼다. 그가 '참된, 진정한' authentic이란 표현을 쓴 것은 영성훈련이 진정하지 않기 때문이 아니라 자신이 성령 안에서 새롭게 발견한 것을 특별히 강조하기 위해서였다. 그것은 우리가 스스로 선택한 것이 아니라 하나님에 의해서 우리에게 주어진 훈련과 지침들이다. 그 속에는 자기를 비우는 훈련이 포함되어 있다.

그리스도인들은 믿음으로 기다림을 배워야 한다. 기다리는 것은 영적인 과정이다. 사실 우리는 기다리는 것을 좋아하지 않는다. 그러나 하나님은 우리에게 무작정 기다리게 하실 때가 자주 있다. 우리가 겪는 고통이나 박해도 마찬가지다. 신앙생활을 하다가 어떤 핍박이 우리에게 닥칠 때 슬픔도 함께 온다. 만약 자신의 아이가 교통사고로 죽는다면, 또 어머니나 아버지가 갑자기 심장마비로 돌아가시게 된다면 우리는 고통과 탄식 속에서 괴로워하며 큰 슬픔에 잠길 것이다. 그러나 그 안에는 분명 마음의 평화와 헌신과 희생이 있다. 이것은 영성훈련과는 달리 우리가 선택할 수 있는 영역을 벗어난 고통의 훈련으로, 우리가 성장하기 위해 반드시 겪어야 하는 과정이다.

앨런 넬슨Alan Nelson은 『깨어짐 끌어안기: 삶의 시련을 통해 우리를 단련하시는 하나님』Embracing Brokenness: How God Refines Us Through Life's Disappointments이란 책에서 영성훈련은 우리가 스스로 낮아지는 선택을 하는 것이라고 했다. 우리는 영성훈련을 통해서 하나님 앞에 낮아지기를 스스로 선택한다.

그러나 참된 훈련은 우리의 의지와 상관없이 하나님에 의해 외부에서 우리에게 가해지는 훈련이다.

참된 훈련은 고난의 삶 그 자체

게리 토마스는 참된 훈련에 대해 말하기를 하나님께서는 그 모든 시험들을 그분이 원하실 때, 그분이 원하시는 방법으로 우리 삶 가운데 허락하신다고 했다. 이것은 바로 하나님이 직접 명하신 훈련이요, 온전히 하나님의 주권에 달려 있음을 뜻한다. 하나님께서 하나님의 방법으로 우리를 고난의 과정에 들어가게 하시면 우리 안에 있는 모든 교만이 비로소 다 꺾이게 된다. 우리가 하나님을 기다리는 과정에 있을 때 우리 안에 자신의 어떤 의도는 자리를 차지할 수 없다. 깊은 고통과 상실감 속에서 비탄에 젖어 있을 때에는 더 이상 자신의 의견이나 자기 의가 있을 수 없기 때문이다.

이런 영성은 우리가 통제할 수 있는 능력 밖의 것이다. 우리가 시작할 수도 없고 손을 쓸 수도 없다. 그래서 이런 훈련은 철저하게 하나님만 의존하도록 가르친다. 우리가 그 가운데 할 수 있는 유일한 행동은 무엇일까? 고통을 받아들이고 그 안에서 배우는 것이다. 그럴 때 우리는 하나님의 사랑을 그대로 전수 받아 사랑하고, 하나님의 겸손한 마음을 그대로 전수 받아 섬기게 된다. 우리는 하나님이 주신 참된 훈련과 우리가 스스로 선택하는 영성훈련을 병행하여 그리스도 안에서 자라가야 한다.

게리 토마스는 하나님이 주시는 참된 훈련은 하나님께서 우리를 올려놓고자 하시는 궤도에 안착시킨다고 말한다. 왜냐하면 우리가 우리 노력에 의해서 하나님을 찾는 것이 아니라 하나님이 하나님의 방법대로 우리를 훈련시키기 때문이다.

리처드 포스터가 최근 「대화」*Conversations*라는 잡지에 글을 기고한 적이 있다. "나에게는 꿈이 있고 소망이 있다"는 제목의 글인데 참 흥미로웠다. 그는 영적 훈련의 성숙 과정을 일곱 가지로 나누었는데 그 중 두 번째 과정이 나의 시선을 사로잡았다. 그는 영성훈련을 '연습해서 되는 것'으로 여기는 생각을 거부했다. 그의 말에 따르면 구시대의 영성훈련은 단순히 말씀묵상이나 성경공부를 하는 정도였다고 한다. 스스로 성경을 읽고 묵상을 일기장에 기록하는 행위에 지나지 않았다는 뜻이다. 물론 이런 훈련들이 나름의 유익은 있었다. 그러나 이런 행위들이 영성훈련에 필수는 아니라는 것이다.

영성훈련의 진정한 본질은 예수 그리스도와 함께 살아가는 삶 그 자체이다. 온 우주만물을 창조하신 하나님과 우리의 마음이 오고 가는 것이다. 그래서 우리 속사람이 변화되어 그리스도를 닮아 가야 한다. 이런 변화와 더불어 우리가 깊이 묵상하고 그것을 글로 쓰고 일기로 남기는 것을 병행할 수는 있다. 그러나 이런 변화 없이도 그런 단순한 행위는 가능하다.

안타까운 현실은 너무나 많은 그리스도인들이 이런 연습들, 기도와 묵상과 글쓰는 훈련을 통해서만 영적 훈련이 가능하다고 믿고 있다는 사실이다. 이런 올무에 스스로 빠지지 않기를 바란다. 그것들은 자칫하면 끊임없이 우리를 속박하고 율법주의에 매이게 할 뿐이다. 역설적으로 들리겠지만, 사실 이런 연습들에 치중하면 할수록 영적 성장에 방해가 되기도 한다. 물론 이런 것들이 유익하긴 하다. 그러나 절대적으로 중요한 것은 하나도 없다.

그리스도인들은 살아 계신 예수님과 동행하는 법을 배워야 한다. 그리고 진정으로 겸손함 가운데 '남을 나보다 낫게 여겨야' 한다. 영성 자체와 영적인 지침을 따르는 것을 혼돈하거나 연결시켜서는 안 된다. 진짜 중요한 것은 하나님께서 우리에게 부어주시는 그 훈련이다. 영성훈련과 참된 훈련을 병행할 때, 하나님의 은혜와 자비하심에 힘입어 단순한 믿음을 가질 때, 말씀에 전적으로 의존할 때 우리는 하나님을 깊이 알아가고 예수 그리스도를 점점 닮아 가게 된다.

더 깊고 위대한 꿈

하나님께서 우리에게 허락하신 고난 가운데 우리의 선택에 상관없이 하나님께서 부어주시는 참된 훈련이 있다. 그것은 우리의 '깨어진 꿈'과 관련이 있다. 깨어진 꿈이란 영혼의 어두운 밤과 같다. 기독교 상담가인 래리 크랩Larry Crabb은 자신의 책 『좌절된 꿈』Shattered Dreams, 좋은씨앗에서 기쁨을 향해 나아가기 원하는 우리가 '예상하지 못했던 하나님의 길'을 만나게 되는 경우를 말하면서 이 단어를 사용했다. 그는 우리가 정말 하나님을 본받기 원하고 진정으로 그분과 동행하기 원하면, 하나님은 어느 날 우리가 갖고 있는 꿈을 분명히 깨어 버리신다고 했다. 수많은 그리스도인들이 주를 위해 산다고 말하면서도 자신의 꿈이나 소원이 결국 '이 땅에서 잘되는 것'에 초점을 맞추고 있는 경우가 얼마나 많은가. 그래서 교회 안에서조차 성공에 연연하고 숫자와 부흥과 위대한 업적을 이루는 것에 끊임없이 관심을 갖는다고 래리 크랩은 지적했다.

게다가 돈과 섹스와 권력에 대한 유혹은 끊임없이 우리를 공격한다. 그러다 자신도 모르게 그런 것들에 현혹되고 마음을 빼앗기게 된다. 그래서 하나님은 우리가 갖고 있는 꿈, 곧 우리 안에 꿈틀거리고 있는 유혹과 욕심들을 깨뜨리신다. 그제야 비로소 우리는 모든 욕심을 벗어 버리고 영원하신 하나님을 있는 그대로 볼 수 있기 때문이다. 더 나아가 하나님은 우리가 갖고 있는 허황된 꿈을 깨뜨림으로 우리 심령에 자리 잡고 있는 더 깊고 위대한 꿈을 드러내신다. 더 깊고 위대한 꿈이란 무엇인가? 바로 영원히 하나님만 바라보고 기뻐하는 것이다.

우리 삶에는 저마다 실망과 절망, 좌절된 꿈들이 있을 것이다. 그것은 우리를 고통스럽고 힘들고 슬프게 한다. 마치 모든 것이 산산조각 나는 느낌이 들기도 한다. 우리는 고통 속에서 몸부림치다가 내가 고통당할 때 하나님은 도대체 어디 계셨느냐고 묻는다. 하나님이 아직도 나를 사랑하는가? 정말 아직도 나에게 관심이 있는가? 그 대답은 물론 "그렇다"Yes이다.

하나님은 우리에게 "내가 너의 꿈을 깨뜨린 이유는 네 안에 있는 가장 깊고 큰 꿈, 그 영원한 꿈을 네가 보기를 원하기 때문이다. 너의 참된 꿈은 무엇이냐? 그것은 바로 나를 열망하는 것이다"라고 말씀하신다. 그래서 래리 크랩은 하나님이 우리 삶 가운데 없다고 생각되는 그때가 하나님의 임재가 가장 충만한 때요, 우리 삶 속에서 하나님이 가장 작게 여겨질 그때가 하나님이 가장 위대한 일을 행하고 계실 때라고 강조한다. 영혼의 어두운 밤도 마찬가지이다. 어떤 방향을 상실하고 어떤 길로 나아가야 할지 무슨 일을 해야 될지 모르는 삶 속에서 우리는 다시 한 번 하나님을 만날 수 있다. 그래서 그는 깨어진 꿈, 즉 좌절된 꿈은 우리가 예상하지 못했던 기쁨에 이르는 하나님의 특별한 방법이라고 했다.

우리가 겪는 고통 중에 유익하지 않은 고난도 있다. 그래서 우리는 고통과 고난 가운데 있을 때 외부의 도움도 필요하다. 만일 우리가 심한 우울증에 시달리다가 불면증과 자살충동을 느끼는 단계에 이르렀다면 도움을 받아야 한다. 체면이나 자존심을 다 내어 버리고 도움을 청할 수 있어야 한다. 우리를 도와줄 수 있는 좋은 기독교 상담가들이나 의사와 심리상담사들도 있다. 우울증을 치료하고 해소시킬 수 있는 약과 처방전도 우리에게 필요할 때가 있다. 한국 교회 성도들에 당부하고 싶은 것은, 도움이 필요할 때 그 도움을 서슴없이 받기 바란다. 그러나 그 모든 과정에서도 기도가 가장 중요하다. 상담을 받는다 할지라도 상담자를 통하여 하나님의 도움을 받을 수 있도록 기도해야 한다.

궁극적으로, 그리고 본질적으로 우리에게 중요한 것은 고난이 아니라 기쁨이다. C. S. 루이스의 표현을 빌리자면 천국의 가장 큰 비즈니스와 관심사는 '기쁨'$_{Joy}$이라고 했다. 요한계시록에도 이렇게 기록되어 있다.

"모든 눈물을 그 눈에서 닦아 주시니 다시는 사망이 없고 애

통하는 것이나 곡하는 것이나 아픈 것이 다시 있지 아니하리니 처음 것들이 다 지나갔음이러라" 계 21:4

새 하늘과 새 땅에는 그리스도 안에서 온전한 기쁨만 있을 따름이다. 예수님께서 분명히 말씀하셨다.

"내가 이것을 너희에게 이름은 내 기쁨이 너희 안에 있어 너희 기쁨을 충만하게 하려 함이라" 요 15:11

예수님은 우리가 예수님이 가지고 있는 가장 충만한 기쁨을 알기 원하신다. 우리의 고통은 수단일 뿐 결코 목적이 아니다. 예수님께서 우리를 위해 죽으셨고 죽은 자 가운데서 다시 살아나셨음을 기억하기 바란다. 그는 하늘로 올라가셨고 어느 날 이 땅에 다시 오실 것이다. 그리스도가 그러하셨듯이 그리스도인의 마지막은 십자가가 아니고 부활이다. 우리에게 최후통첩은 부활이다. 예수님의 마지막 왕관은 가시면류관이 아니라 영광의 면류관이었다. 우리의 모든 고통과 고난이 지나간 후에 하나님 나라의 영광과 사랑과 승리와 기쁨이 있음을 기억하자.

9강_ 그리스도인의 위대한 믿음

··성영 탠

Siang-Yang Tan

마태복음 15장 21절 이하는 아주 잘 알려진 이야기이다. 이 말씀은 기독교 신앙에서 믿음이 얼마나 중요한지를 우리에게 가르쳐 준다. 개혁신앙은 '오직 믿음으로' Sola Fide라는 교리로 우리에게 다가온다. 이 본문은 믿음과 아울러 기도에 대해 자세히 말하고 있다.

"예수께서 거기서 나가사 두로와 시돈 지방으로 들어가시니" 마 15:21

당시 두로와 시돈은 이방 지역이었다. 예수님은 이전까지는 유대에서만 사역을 하시다가 이제 이방 지역으로 들어가셨다.

"가나안 여자 하나가 그 지경에서 나와서 소리 질러 이르되" 마 15:22상

여기서 가장 먼저 마음에 새겨야 할 것은 소리를 지른 사람이 이방 여인, 즉 가나안 여인이었다는 사실이다. 2천 년 전에 유대인은 이방인을 탐탁치 않게 생각했는데, 게다

가 또 여인이라면 당시 더 열등한 사람으로 취급하였다. 이것은 최악의 불리한 조건이다. 유대인 남자인 예수님과 제자들에게 한 이방 여인이 다가왔다는 것 자체가 뭔가 심상치 않은 출발이다.

절규의 기도

우리는 여기서 첫 번째 믿음의 원리를 발견할 수 있다. 사회적 신분이나 계층에 상관없이 믿음만 있다면 예수님께 다가와서 그 믿음을 보일 수 있다는 것이다.

우리는 '폭력'이란 단어를 좋아하지 않는다. 그러나 이 여인은 거의 폭력 수준에 가깝도록 적극적으로 무리를 헤치며 예수님께로 파고들어 왔다. 하나님은 우리가 당신 앞에서 부르짖되 그냥 부르짖는 것이 아니라 하나님의 임재 안으로 파고들고 밀어붙이면서 다가오는 것을 원하신다. 이 이방 여인이 바로 그런 행동을 취했다.

또한 이 여인은 하나님 앞에 '나와서 소리 질렀다'. 영문판 성경에서 이 대목을 보면 소리를 지르되 절박함과 간절함이 담긴 절규로 표현된다. 그녀는 그저 큰 소리로 울부짖은 것이 아니다. 정말 절박한 상황에서 예수님께 부르짖었다. 우리의 기도는 이처럼 심령의 부르짖음이 되어야 한다. 이 여인은 무엇 때문에 예수 그리스도 앞에서 그렇게 절규했던 걸까? 그녀는 이렇게 소리 질렀다.

> "주 다윗의 자손이여 나를 불쌍히 여겨 주옵소서 내 딸이 흉악하게 귀신 들렸나이다 하되" 마 15:22하

그녀는 예수님을 보고 그분이 바로 메시아라는 것을 알았다. 그래서 예수님 앞에 무릎 꿇고 경배하기를 "당신은 나의 주인이십니다. 나에게 긍휼을 베풀어 주옵소서"라고 고백했다. 그 여인은 예수님께 다가올 때 어떤 조건과 자격을 가지고 나오지 않았다. 단지 자신은 감히 예수님께 나아갈 수 없는 사람임을 먼저 인정하고 그것을 부르짖으며 나아갔을 뿐이다. 우리도 기도할 때마다 어떤 자격과 조건을 갖춘 뒤에 나아가는 것이 아니라 이 여인처럼 단지 예수 그리스도의 성실함과 신실함을 의지하여 나아가야 한다.

믿음의 원리 두 번째는, 여인은 자신에게 필요한 욕구를 충족시키기 위해서 온 것이 아니라는 사실에 있다. 그녀는 모성 깊은 아름다운 어머니였다. 그런 여인이 예수님께 다가와 부르짖으면서 자기를 불쌍히 여겨 달라고 구했다. 자신이 먼저 예수님의 사랑과 긍휼을 받아야만 귀신들린 딸에게 그 사랑과 긍휼이 흘러 들어갈 것이라 믿었기 때문이다.

성경 본문 자체만으로는 여인의 딸이 100퍼센트 귀신 들린 것인지 아니면 정신병과 맞물려 귀신 들린 것인지 구체적으로 알 수 없다. 단지 귀신 들려 있다는 사실만 나타나 있다. 이 땅에서 그리스도인으로 사는 우리는 영적전쟁의 한복판에 있다는 것을 인식해야 한다. 우리의 대적 마귀와 그 수하의 수많은 사탄은 끊임없이 우리를 공격해오고 있다. 만일 문제의 근원이 귀신 들린 것이라면 그것은 철저하게 주 예수 그리스도의 이름으로 행하는 축귀를 통해서만 그 병을 해결할 수 있다. 예수님은 우리가 그 기도를 드리는 즉시 그 귀신을 몰아내실 것이 분명하다.

그러나 귀신 들린다는 것은 어떤 정신병과 혼합된 상태일 수도 있다. 어떤 사람이 마음의 병이나 정신적 고통에 시달리고 있다면 그 사람은 상담가나 정신과 의사를 만나서 처방을 받아야 한다. 아울러 목회자와 교회 리더에게 기도요청을 할 수도 있다.

가나안 여인의 딸은 어느 경우인가? 딸의 상황에 대해 설명해 주는 헬라어를 분석해 보면 분명히 심한 악귀에 들려 있기도 했지만 정신적 이상도 있음을 내포하고 있다. 심하게 고통을 당하고 있었다는 표현이 나오는데 이것은 비참함과 잔혹함을 경험하고 있다는 의미이다. 이 딸은 어떤 심한 정신적 압박을 당하고 있었음이 분명하다. 그래서 딸을 향한 엄마의 마음도 이미 산산조각 나 있었다. 그 조각난 마음 때문에 여인은 자기 딸을 위해서 자신을 불쌍히 여겨 달라며 절박한 심정으로 주님 앞에 나아갈 수 있었다.

끈질긴 기도에 대한 하나님의 응답

여인은 예수님에게 네 번이나 거절 당한다. 한 번도 아니고 두 번도 아니고 세 번도 아닌, 네 번이나 거절 당했다.

본문은 여기서 세 번째 믿음의 원리를 우리에게 가르쳐 준다. 바로 어떠한 상황 속에서도 낙심하지 말고 계속해서 기도하라는 것이다. 우리는 하나님을 향한 지속적인 기도를 통해 하나님 안으로 파고들어야 한다. 그리고 최후 결과는 오직 하나님께 맡겨야 한다. 왜냐하면 응답은 하나님이 하시는 것이지 우리의 간절함이 좌우하는 것이 아니기 때문이다.

우리의 기도가 중요한 게 아니라 그 기도의 대상인 하나님이 더 중요하다는 것을 반드시 기억할 필요가 있다. 물론 믿음도 중요하지만 믿음 자체보다 우리가 믿을 수 있는 신실하신 하나님이 가장 중요하다.

23절 말씀에서 여인이 예수님께 다가와 부르짖으며 자신의 딸이 심하게 귀신 들렸다고 고백했을 때 예수님이 그녀에게 무슨 말로 대답하셨는가?

"예수는 한 말씀도 대답하지 아니하시니" 마 15:23상

여인은 예수님 앞에 절규하며 부르짖었지만 예수님은 단 한마디 대답도 하지 않으셨다. 이것이 바로 여인의 믿

음에 대한 예수님의 첫 번째 거절이다. 너무나 역설적으로, 기도의 대상이신 예수님으로부터 기도에 대한 거절이 나왔다. 우리도 이 여인처럼 예수님께 부르짖었지만 예수님은 그저 침묵하실 뿐 아무 응답도 돌아온 것이 없던 때가 있지 않은가. 예수님이 우리에게 한마디도 대답하지 않으실 때 우리는 최고의 고통을 경험한다. 그러나 우리는 포기하지 말아야 한다. 예수님이 때로 한마디도 대답하지 않으시는 이유는 우리에게 기다리는 인내를 키워 주시기 위해서이다. 예수님이 우리의 기도에 응답하시지 않는 또 다른 이유는 우리가 드린 기도가 최선의 기도가 아니기 때문일 수 있다.

우리의 기도가 거절당하는 것처럼 보이는 네 가지 반응이 본문에 나온다. 첫 번째 반응은 무반응이다. 예수님은 한마디도 대답하지 않으시고 침묵으로 일관하신다. 두 번째 반응은 예수님의 제자들로부터 왔다.

"제자들이 와서 청하여 말하되 그 여자가 우리 뒤에서 소리를 지르오니 그를 보내소서" 마 15:23하제자들이 예수님께 무어라 말씀드리고 있는가? "어떤 여자가 우리를 귀찮게 하고 있습니다. 할 일이 많고 갈 길이 먼데 이 여자가 와서 계속 소리를 지르니 제발 이 여자를 멀리 쫓아 보내십시오." 이 대목에서 정말 안타까운 현실을 엿볼 수 있다. 하나님 앞에 간절히 부르짖으며 절박한 심정으로 기도하지만, 다름 아닌 예수님의 제자, 곧 교회와 교회의 리더십이 나의 기도를 가로막고 실망을 줄 때가 많다는 사실이다.

우리가 기도할 때 무엇이 우리를 가장 낙심하게 하는가? 그것은 다름 아닌 믿음의 동료들이 나의 기도와 상황과 아픔을 이해해 주지 않고 나의 믿음을 갉아먹는 말을 하는 것이다. 바로 예수님의 제자들이 그녀를 멀리 내쫓고자 한 것처럼 말이다. 이럴 때 우리는 마음에 큰 상처를 입는다.

곧이어 세 번째 반응이 온다. 다시 예수님의 입에서 나온 거절이다. 우리 삶의 주인이시며 우리가 그토록 사랑하는 주님으로부터 거절의 말이 올 때 그것은 견딜 수 없는 고통이다.

"예수께서 대답하여 이르시되 나는 이스라엘 집의 잃어버린 양 외에는 다른 데로 보내심을 받지 아니하였노라 하시니"마 15:24

이것은 무슨 뜻인가? "당신은 이방인 여인이다. 나는 당신을 위해 온 것이 아니라 오직 나의 양인 이스라엘을 위해서 왔다"는 것이다. 우리는 이 말씀에 예수님께 실망하고 돌아서거나 혹은 분노가 폭발해서 주님을 향한 믿음이 산산조각 날 수도 있다. 예수님은 왜 이런 태도를 취하셨던 걸까? 여인이 계속해서 믿음을 보일 수 있도록 시간을 주시기 위함이었다. 예수님은 믿음의 주인이시기 때문에 언제 우리의 믿음이 성장할 수 있는지 잘 알고 계신다. 우리의 믿음은 오직 우리에게 도전과 어려움이 닥칠 때에만 자랄 수 있다는 것을 아시는 것이다.

25절에 나오는 여인의 반응은 어떠한가? 참으로 기이하고 신기한 반응을 보이고 있다. 나중에 예수님이 여인의 행동을 극찬하실 만한 반응이다. 우리 대부분은 이렇게 세 번씩이나 연거푸 거절당하면 "집어치워요. 됐습니다. 당신의 도움은 필요 없습니다. 다 없었던 일로 합시다" 하고 집으로 돌아가지 않겠는가. 그러나 여인에게는 예수 그리스도를 향한 집중과 일관된 믿음이 있었다. 그야말로 순전한 믿음이다.

'천국은 스스로 침노하는 자의 것'이라는 말씀이 있다. 이것이 바로 침노하는 자의 가장 좋은 본보기이다. 세 번씩이나 거부당하는 상황 속에서도 이 여인은 계속해서 예수님의 안으로 파고들었고 끝까지 예수님 앞으로 와서 무릎을 꿇었다. 이제 여인은 그 어느 때보다 더 깊은 절박함과 절망을 안고 예수님 앞에 무릎 꿇고 "주여 저를 도우소서. 저를 도우소서" 하고 부르짖는다. 우리가 기도할 때 이 여인처럼 이렇게 짧고 굵은 기도를 할 줄 알아야 한다. 길게 기도할 필요도 없다. "주여 나를 도우소서!" 하는 이 한마디면 된다.

26절에 마지막 거부가 나온다. 다시금 예수님이 직접 거절하셨다. 우리가 만일 예수님을 만난 적이 없고, 예수님이 어떤 분인지 잘 알지 못하는 상황에서 이 본문을 봤다면 누가 예수님께 매력을 느끼겠는가? 어느 누가 예수님을 신뢰할 수 있겠는가? 그러나 이 여인은 예수님을 누구보다 잘 알았고 누구보다 신뢰하고 있었다.

"대답하여 이르시되 자녀의 떡을 취하여 개들에게 던짐이 마땅하지 아니하니라" 마 15:26

예수님이 지금 여인에게 무슨 말씀을 하신 것인가? "내가 이스라엘의 것을 취하여서 이방인에게 던져주겠느냐?"라는 심한 말씀을 하셨다. 당시에는 대부분의 사람들이 집에서 개를 키웠는데 자녀들이 앉아서 떡을 먹을 때에는 개들에게 주지 않았다. '자녀의 떡과 개'라는 이 비유는 사실 누가 들어도 언짢은 이야기이다. 그러나 여인의 믿음은 이번에도 끊어지지 않는다. 우리는 대부분 이렇게 거절과 모욕을 당하면 깨끗이 포기하고 그 자리를 뜰 것이다. "내가 당신에게 이런 쓰레기 같은 소리를 듣고, 이런 대우를 받아가면서까지 간청할 필요는 없소" 하고 돌아설 것이다. 그러나 믿음의 여인은 그렇게 하지 않았다.

"여자가 이르되 주여 옳소이다마는 개들도 제 주인의 상에서 떨어지는 부스러기를 먹나이다 하니" 마 15:27

여인은 "그래요, 주님, 저는 개예요. 그런 저에게 떡을 주실 필요는 없어요. 그냥 떨어지는 부스러기만 주시면 제가 그것을 먹겠습니다"라는 고백을 한다. 그제야 비로소 예수님이 자신의 참된 마음을 표현하신다. 그간 잔인하게 구셨던 모습에서 돌변하여 이 여인을 극찬하신다. 예수님은 여인의 믿음을 계속해서 끌어당기고 계셨던 것이다. 예수님은 그 상황을 기회 삼아 바로 제자들과 유대인들에게 하찮은 이방 여인이 가진 위대한 믿음을 보여 주고 계셨던 것이다.

> "이에 예수께서 대답하여 이르시되 여자여 네 믿음이 크도다 네 소원대로 되리라 하시니 그 때로부터 그의 딸이 나으니라" 마 15:28

예수님의 대답을 현대어로 바꾸면 "네 믿음이 대단하구나!"이다. 그리고 그 즉시 여인의 딸이 나았다.

기독교 영성에서 하나님이 원하시는 믿음은 무엇인가? 바로 이렇게 자라나고 견인되는 믿음이다. 그것이 결국 하나님을 믿고 하나님을 신뢰하는 영성이기 때문이다. 많은 사람들은 하나님이 우리의 기도에 세 가지 방법으로만 응답하신다고 생각한다. 그것은 '된다'와 '안 된다', 그리고 '생각해 보자'이다. 그러나 하나님은 네 가지 방법으로 우리의 기도에 응답하신다.

두 번은 '예스' Yes이고 두 번은 '노' No이다. 첫 번째 '예스'는 하나님이 우리가 기도하는 것에 기쁨으로 응답하시는 것이다. 두 번째 '예스'는 훨씬 더 크고 심오하다. 그것은 하나님께서 우리의 기도에 대해 "그래, 주마! 그러나 이것만 주는 것이 아니라 후히 되어 누르고 흔들어 넘치도록 채워 주리라"는 응답이다.

세 번째 '노'는 "안 된다. 지금은 아니다. 아직은 때가 아니다"라는 말씀으로 기다리라는 뜻이다. 네 번째 '노'는 하나님이 우리에게 응답하시되 아주 깊은 눈물과 깊은 사랑이 담긴 거절을 주시는 것이다. 여기에는 "사랑하는 아들아, 딸아, 안 된다. 왜냐하면 내가 너를 너무 사랑하기 때문에 안 된다"라는 마음이 담겨 있다. "만일 네가 지금 구하는 그것을 네게 준다면 그것이 결국 너를 파괴시키고 말 것이다. 내가 너를 너무 사랑하기 때문에 결코 너에게 줄 수 없다"라고 말씀하실 때가 있다.

우리는 하나님을 신뢰해야 한다. 예수 그리스도 안에서

날마다 그 믿음을 키워나가야 한다. 그래서 우리를 향한 하나님의 극진한 사랑 가운데 하나님의 주권으로 우리에게 주실 응답을 기다려야 한다.

10강_ 상처 입은 치유자

· · 이동원

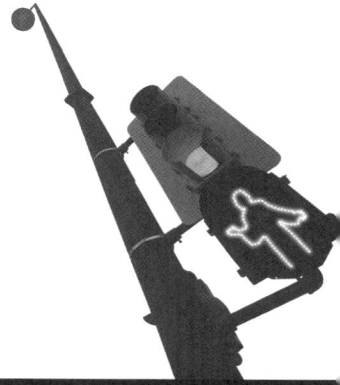

이동원 레노바레코리아 공동대표, 지구촌교회 담임목사
OM 한국훈련원 원장 및 이사장, GMF 이사, KOSTA 운동 기획 및 시작,
한미준한국교회 미래를 준비하는 모임 대표, 침미준침례교 미래를 준비하는 모임 대표.
저서 『비전의 신을 신고 걷는다』, 『우리가 사모하는 푸른초장』,
『예수님의 거룩한 습관』 외 다수.

예전에 월로크릭 교회에서 사역하던 존 오트버그 목사가 쓴 『우리는 만나면 힘이 납니다』*Everybody's Normal Till You Get to Know Them*, 두란노라는 책이 있다. 이 책의 원서 제목을 직역하면 '사람이 서로를 알기 전까지는 모두 다 정상이다'가 된다. 사람이 서로를 알기 전까지는 다 정상이라니, 그렇다면 사람이 서로를 알기 시작하면 모두 비정상이라는 말이 된다.

이 책의 첫 장 제목은 '고슴도치 딜레마'이다. 성경에서 인간의 실존을 표현하기 위해 가장 많이 사용된 비유는 '양'이다. 그런데 존 오트버그는 그보다 더 와 닿는 '우리는 다 고슴도치와 같아서'라는 표현을 사용하고 있다. 대부분 동물은 한 장소에서 다른 장소로 이동할 때 떼를 지어 다닌다. 곰과 사자도 그렇고, 양도 떼로 이동한다. 그러나 고슴도치는 혼자 다닌다. 고슴도치는 외로운 동물이다. 이런 고슴도치도 너무 외로우면 그 외로움에서 벗어나기 위해 사랑할 대상을 찾는다. 외로움을 극복하고 사랑을 경험하기 위해 이웃에게 다가서지만, 다가가는 순간 자신의 의도와 상관없이 다른 이에게 상처를 입히고 또 상처를 받는다.

우리는 고슴도치와 같다. 북미산 고슴도치는 등에 3만 개의 가시가 있다고 한다. 그런데 사람은 일생을 살면서 3만 개보다 훨씬 더 많은 상처를 안고 살아간다. 의도한 것은 아니지만 어쩔 수 없이 다른 사람에게 상처를 주고 또 상처를 받는다. 그렇다면 우리의 인생이란 서로 상처를 주고받다가 끝나야 하는 걸까?

상처 많은 인생길에서 우리는 예수 그리스도라는 분을 만났다. 예수회 사제 헨리 나우웬은 『상처 입은 치유자』 The wounded healer, 두란노라는 책을 썼다. 이 책의 제목은 우리가 믿는 예수님에 관한 것이다. 예수님도 사실 너무나 많은 상처를 가지고 계셨다. 그러나 예수님은 상처를 받으신 데서 끝나지 않고 자신의 상처를 통해서 이웃들의 상처를 이해하고 다른 사람들을 치유하는 치유자가 되셨다는 것이다.

헨리 나우웬의 이야기는 거기서 멈추지 않는다. 인생의 도상에서 예수 그리스도를 만난 우리도 상처를 주고받는 인생으로 끝나서는 안 된다고 도전한다. 우리가 받은 상처를 통해서 이웃의 깊은 고통과 상처를 이해하고 이웃을 치유하는 치유자의 인생을 살아가야 한다는 것이다. 어떻게 우리가 상처 입은 이웃들을 치유하는 삶을 살아갈 수 있을까?

상처 받은 이웃을 바라보라

상처 입은 치유자의 영성이란 어떤 것일까? 어떻게 예수님을 따라가며 상처 입은 이웃을 치유하는 치유자의 생애를 살아갈 수 있을까? 첫째로 우리에게 상처 입은 이웃들을 바라보는 눈이 있어야 한다. 이 눈이 열려 있어야 한다. 마태복음 9장 36절은 이렇게 전한다.

> "무리를 보시고 불쌍히 여기시니 이는 그들이 목자 없는 양과 같이 고생하며 기진함이라"

예수님이 보신 무리는 어떤 사람들이었는가? 그들은 불쌍한 사람들이었다. 목자 없이 방황하는 양들이었다. 그들은 질병을 앓고 있었고 힘없이 눌려 있던 사람들이었다. 그런 그들을 예수님이 보셨다.

주변에 상처 입은 이웃들이 우리 눈에 보이는가? 보이는 것 같지만 잘 보이지 않는다. 왜 그럴까? 우리 자신이 상처 속에 빠져 있기 때문이다. 자신의 상처 속에 빠져 살면 상처 입은 이웃들이 눈에 들어오지 않는 법이다. 그래서 바로 곁에서 죽어가는 이웃들과 고통 받고 있는 이웃들을 바라보는 마음의 여유 없이 인생을 살아간다.

고든 맥도날드는 『내면세계의 질서와 영적성장』_Ordering Your Private World, IVP_에서 현대인의 삶을 두 가지 유형으로 나누고 있다. 그 중 하나는 대부분의 사람들이 살아가는 모습이다. 그는 이들을 '쫓겨 다니는 인생' driven life이라고 정의했다. '쫓겨 다니는 인생'이란 날마다 일에 매달려 허우적거리는 인생을 말한다.

또 다른 인생이 있다. 그것은 '소명을 따르는 인생' called life이다. 주님이 나를 무엇 때문에 불러 주셨는지를 분명히 알고 그 소명을 바라보고 뚜벅뚜벅 일관성 있게 걸어가는 생애를 말한다. 그런데 이런 삶을 살고 있는 사람은 지극히 드물다고 한다. 우리 대부분은 충동적으로 이런저런 일 속에 허우적거리며 쫓겨 다닌다. 그래서 상처 입은 이웃들이 눈에 들어오지도 않는 것이다. 그렇다면 어떻게 우리가 그들에게 치유자가 될 수 있을까?

평생 죽음의 문제를 연구한 정신의학자 엘리자베스 퀴블러 로스는 『인생수업』Life lessons, 이레이라는 책에서 다음과 같은 자신의 경험을 적었다.

뉴욕에 가서 강연회를 할 때였다. 1,500명 정도의 무리가 모였고, 강연이 끝나자 감동을 받은 많은 사람들이 책에 사인을 받으려고 줄을 섰다. 그러나 그녀는 비행장에 가야할 시간이 가까워 부득이 양해를 구하고 사인회를 중단할 수밖에 없었다. 많은 사람들이 실망했다. 비행장에 도착해 탑승 수속을 마치고 잠시 여유를 갖기 위해 화장실에 들어갔다. 변기에 앉아 있는데 공공 화장실의 트인 공간 밑으로 갑자기 자신의 책이 들어오는 것이었다. 사인을 해달라는 목소리를 듣고 그녀는 당황했다. 이렇게 무례한 사람이 누군가 싶어 볼일을 마치고 문을 열어 보니 앞에 수녀가 서 있었다. 그녀가 "아니, 어째서 수녀님…" 하고 항의를 하려는 순간 그 수녀가 말을 가로막으면서 "다 하나님의 은혜지요" 하더란다. 그녀는 속으로 '하나님의 은혜는 무슨 하나님의 은혜'라고 했다. 그런데 그 수녀는 뜻밖의 이야기를 해주었다.

"박사님, 제 얘기 좀 들어보세요. 저에게 수녀 친구가 있는데 암으로 죽어 가고 있지요. 내 친구는 박사님을 너무나 좋아해요. 그런데 병이 심해져서 이번 강연회에 저하고 같이 오지 못했어요. 그 친구가 나에게 박사님 강의 잘 듣고 책에 사인을 받아 달라고 부탁했어요. 강의가 끝난 후 사인을 받으려고 줄을 서서 기다리고 있었는데 박사님께서 비행기 시간 때문에 더 이상 못하겠다고 중단하셨잖아요. 친구 볼 면목이 없어 허탈한 가슴으로 비행장에 왔죠. 탑승 수속을 마치고 화장실에 들어와 있는데 갑자기 박사님이 들어오신 거예요. 이것이 어찌 하나님의 은혜가 아니겠어요?"

그 순간 퀴블러 로스 박사는 무언가를 깨달았다. 그녀는 그때의 깨달음을 자신의 책에 다음과 같이 썼다. '나는 평생 이웃을 돕는 사람으로 살고자 했지만, 그 한 순간 시간에 쫓기고 마음의 여유를 잃어버린 나머지 절실하게 나의 도움을 구하며 나를 주목하고 있던 이웃을 바라보지 못했구나.'

불쌍히 여기는 마음을 가지라

우리가 상처 입은 이웃에게 치유자로 다가서기 위해 회복해야 할 것이 있다. 먼저 마음속에 상처 입은 이웃을 바라볼 수 있게 해달라고 기도해야 한다. 그 다음 어떻게 상처 입은 이웃을 도울 수 있을지 고민해야 한다. 그러기 위해 필요한 것은 상처 입은 이웃의 고통을 느낄 수 있는 가슴이다.

어쩌다 고통 받는 이웃을 볼 수는 있다. 그러나 실상 그들을 그냥 스치듯 보고 지나쳐 버릴 때가 많다. 성경에도 강도 만난 사람을 구해 주는 선한 사마리아인의 이야기가 나온다. 우리도 그렇게 도움이 필요한 사람을 본 적이 있다. 그러나 보고도 늘 그냥 지나쳤다. 레위인이나 제사장도 그대로 지나갔다. 그러나 예수님은 달랐다. 예수님은 무리를 보셨고, 불쌍히 여기셨다. 불쌍히 여기셨다는 말을 '민망히 여기셨다'라고 해석할 수 있다. 영어 성경은 이 대목을 'compassion'이라는 단어로 표현했다. 'compassion'은 두 가지 단어의 결합이다. 'com'은 '함께'라는 뜻이며 'passion'은 '고통'이란 뜻이다. 그러므로 '함께 고통을 느낀다'라고 해석할 수 있다.

이웃의 고통을 내 고통으로, 이웃의 고독을 내 고독으로, 이웃의 외로움을 내 외로움으로, 이웃의 좌절을 내 좌절로 느끼는 가슴이 있어야 한다. 우리에게 그런 가슴이 있는가? 이렇게 이웃의 고통을 느끼기 위해서는 이웃의 입장에서 인생을 바라보는 태도가 필요하다.

만약 가정에서 남편이 아내의 입장에서 이해하고, 또 아내가 남편의 입장에 이해할 수 있다면 가정의 풍경은 얼마나 달라질까. 부모에게 입시 지옥 속에서 미래를 붙잡지 못하고 있는 자녀들의 입장을 바라볼 수 있는 넉넉한 가슴과 지혜로운 눈이 있다면, 자녀에게 고단한 인생을 살면서 오직 자식에게 모든 소망을 거는 부모들을 이해하는 가슴이 있다면 가정은 얼마나 아름다울까.

오늘날 교회의 목자들이 숱한 삶의 질곡에서 아파하고 헤매는 교우들의 사정을 더 깊이 이해할 수 있는 눈이 있다면, 그리고 교우들에게 자신이 짊어진 영적인 짐에 눌려 외로워하는 목자들을 이해할 수 있는 가슴이 있다면 우리 교회의 풍경은 얼마나 달라질까. 그러나 이렇게 상대방의 입장에 선다는 것이 결코 쉽지 않다. 그래도 그리스도인은 상대방의 자리에 서서 그를 이해하려고 애써야 한다. 주님은 그때 상대방의 고통을 느낄 수 있는 가슴을 주실 것이다.

전도를 많이 하는 미국 목사님이 한 분 있다. 이분이 어느 날 식사를 하려고 친구 몇 사람과 함께 식당에 들어갔다. 주문을 하고 기다리는데 음식을 나르는 종업원이 접시를 테이블에 거의 내팽개치듯이 서빙하는 것이 아닌가. 화가 난 목사님은 지배인을 불러서 따지고 싶었다. 그때 목사님의 머릿속에 혹시 저 종업원이 무슨 사정이 있을지도 모른다는 생각이 스쳤다. 잠시 기도를 하자 마음이 서서히 누그러지고 종업원을 불쌍히 여기는 마음이 생기면서 분노가 사라졌다.

식사를 마치고 5달러의 팁을 놓고 나가려는 순간 성령님이 5달러가 적다고 말씀하셨다. 그 목사님은 '받은 서비스에 비하면 5달러도 너무 많아요. 성령님' 하고 속으로 생각하는데 성령님이 또 말씀하시기를 '적다'고 하셨다. 그래서 목사님은 성령님께 '그럼 얼마를 놓을까요?' 하고 여쭈었다. 갑자기 마음에 감동이 온 액수가 10달러였다. '10달러나요?' 목사님은 속으로 갈등했으나 순종하는 마음으로 10달러를 놓고 나오는데 그 종업원이 따라왔다. "손님, 손님! 이거 팁 아니죠?" "팁인데요." "아니, 왜 이렇게 팁을 많이 주셔요?" 그래서 목사님은 "내가 자매님의 얼굴을 보니까 무슨 사정이 있는 것 같았습니다. 그래서 제가 조금 팁을 더 놓으면 자매님에게 위로와 격려가 될까 하고 그랬습니다."

그 순간 종업원은 얼어붙은 것처럼 서 있더니, 갑자기 눈물을 흘렸다. "제가 실례했어요. 제 서비스가 엉망이었죠? 사실은 어제 제 남편이 저를 버리고 떠났습니다." 그녀의 이야기를 들은 목사님은 그녀를 옆에 앉히고 양해를 구하며 말했다. "제가 목사인데 자매님을 위해 잠깐 기도해도 될까요?" 목사님이 그녀의 어깨에 손을 얹고 기도하자 그녀는 울기 시작했다. "남편과 친구가 자매님을 버리고, 세상 모든 사람이 자매님을 버린다고 해도 자매님을 결코 버리지 않는 한 분이 있어요. 그분은 예수 그리스도이시지요."

그러고는 성경을 읽어 주었다. "하나님이 세상을 이처럼 사랑하사 독생자를 주셨으니 이는 그를 믿는 자마다 멸망하지 않고 영생을 얻게 하려 하심이라.요 3:16 예수님을 받아들이고 영접하면 예수님이 자매님의 친구가 되어 주실 것입니다. 세상 끝날까지 함께하실 거예요. 이런 예수님을 받아들이고 싶지 않나요?" 그러자 그녀는 그 자리에서 "예, 받아들이고 싶어요"라고 고백했다. 목사님은 그날 상처 입은 한 여인을 그리스도 앞으로 인도하는 특권을 누릴 수 있었다.

상처 입은 이웃을 제자로 삼으라

상처 입은 이웃의 치유자가 되기 위해서는 마지막으로, 상처 입은 이웃을 제자로 삼으며 살아야 한다. 제자 삼는 삶이란 어떤 삶일까? 마태복음 9장 35절에서 38절과 10장 1절 말씀에서 그 핵심을 찾을 수 있다.

"예수께서 모든 도시와 마을에 두루 다니사 그들의 회당에서 가르치시며 천국 복음을 전파하시며 모든 병과 모든 약한 것을 고치시니라" 9:35

그 다음 36절이 이어진다.

"무리를 보시고 불쌍히 여기시니 이는 그들이 목자 없는 양과 같이 고생하며 기진함이라"

말씀은 거기서 끝나지 않는다. 37절에 "추수할 것이 많다"고 했다. 상처 입은 외로운 영혼과 고통 받는 영혼들이 주변에 너무 많다는 것이다. 그들을 추수하기 위해서, 그들의 상처를 보듬어 안고 그들을 주님의 품으로 인도하기 위해서 일꾼이 필요하다고 강조하셨다. 계속해서 말씀은 10장 1절로 연결된다. "예수께서 그의 열두 제자를 부르사". 예수님이 왜 열두 제자를 부르신 것일까? 예수님은 상처 입고 목자 없이 방황하는 양들을 위해 열두 제자에게 그들의 목자가 되어 주라고 명령하신 것이다.

제자훈련이란 성경공부만 하고 끝나는 것이 아니라 제자로서 살도록 훈련하는 것이다. 더 나아가 제자로 산다는 것은 목자이신 예수님을 알지 못하는 상처 입은 외로운 영혼에게 목자가 되어 주는 것을 의미한다. 그것이 바로 제자의 삶이다. 그래서 예수님은 열두 제자를 부르셨다.

여기서 12라는 숫자를 기억하자.

지금 세계적으로 '셀 처치' cell church 운동이 일어나고 있는데 이 가운데 'G12'가 있다. 이 운동은 우리 주변에 고통 받고 있는 열두 명의 사람에게 영향을 끼쳐 보자는 것이다. 열두 명의 제자에게 영향을 끼치신 예수님처럼 말이다. 그래서 셀 운동 신학자들은 열두 명으로 형성된 공동체를 '기독교 기초 공동체' Christian basic community 라고 말한다.

우리도 평생 동안 예수님처럼 열두 명에게 영향력을 끼칠 수 있을까? 어떤 사람은 자기 인생 하나도 거두기 힘든데 어떻게 열두 명이나 책임지냐고 반문할지도 모른다. 그렇다면 단 세 명이라도 좋다. 예수님이 열두 제자 중에서 베드로, 야고보, 요한, 이 세 제자에게 각별한 영향을 끼치셨던 것처럼 우리도 그렇게 할 수 있다. 예수님은 그들을 어디든 데리고 가셨다. 우리 주변에 힘들고 외롭고 어려운 사람 세 명만 찾아서 그들과 공동체를 이루어 보자. 그리고 그 세 명에게 "이렇게 당신도 세 명에게 영향을 끼쳐 보라"고 당부하라. 그 사람들이 각각 세 명을 데려오고 나도 또 다른 세 명을 데려온다면 몇 명이 될까? 바로 열두 명이 된다.

혹 세 명도 많은가? 그렇다면 주위에서 딱 한 사람만 떠올려 보라. 주님께 받은 사랑을 적어도 한 사람에게는 줄 수 있다. 한 사람이 너무 적다고 느껴지는가? 그러나 그 한 사람이 가진 영혼의 가치는 온 세상보다 귀하다고 주님이 가르쳐 주시지 않았는가. "사람이 만일 온 천하를 얻고도 제 목숨을 잃으면 무엇이 유익하리요."마 16:26 한 영혼의 가치는 천하보다 더 크다.

스필버그 감독이 만든 영화 "쉰들러 리스트"Schindler's List의 마지막 장면이 떠오른다. 유대인을 구하기 위해서 애쓰던 독일인 쉰들러는 전쟁이 끝난 후 이렇게 절규한다. "내가 이 시계를 팔 수 있었더라면, 아니 내가 달고 있는 배지를 팔 수 있었더라면, 내 차를 팔 수 있었더라면 한 사람이라도 더, 더, 더 구할 수 있었을 텐데!"

한 영혼을 향한 사랑을 회복하라

지금 한국 교회는 성장주의로 많은 비판을 받고 있다. 성장을 위한 성장, 여기에 우리 역시 물음표를 던진다. 무엇을 위해 성장하자는 것인가? 성장을 위한 성장보다는 정말 우리 옆에 아파하고 힘들어 하는 한 영혼을 향해 주님이 베푸신 사랑으로 다가서야 할 것이다. 그 한 사람을 향한 가치와 연민과 사랑을 회복할 수 있다면 한국 교회에 새로운 부흥이 시작되리라 믿는다.

한 영혼을 향한 사랑을 실천한 마더 테레사에게 기자가 이런 질문을 던졌다고 한다. "당신은 여자로서, 단신으로 인도 땅까지 와서 빈민 선교와 병자를 돕는 일에 전 생애를 바치지 않았습니까? 어떻게 이렇게 수많은 사람들에게 영향을 끼칠 수 있었습니까?" 테레사 수녀는 이렇게 대답했다. "저는 한 번도 수많은 사람을 생각해 본 일이 없습니다. 저는 언제나 한 사람에게 집중했을 따름입니다. 한 사람, 또 한 사람. 내 곁에서 힘들어 하고 내 곁에서 한숨 쉬고 내 곁에서 아파하고 고통스러워하는 한 사람, 나는 언제나 그 한 사람에게 집중했을 뿐입니다."

거창하게 부흥을 이야기하기보다 그저 우리가 주님께 받은 조건 없는 사랑을 생각하는 것이 좋다. 그 사랑 때문에 구원받고, 그 사랑 때문에 새로운 인생을 살고, 그 사랑 때문에 천국의 소망을 갖고, 그 사랑 때문에 삶의 의미와 목적을 가지고 산다는 사실을 기억해야 한다. 그리고 이제 우리 곁에서 힘들어 하고 아파하는 한 사람에게 우리가 받은 주님의 사랑으로 다가서자. 그것이 교회 부흥의 시작이며 한국 교회가 회복해야 할 진정한 영성이라고 믿는다. 한 영혼에 대한 주님의 사랑, 여기서부터 한국 교회는 새로운 내일을 열어야 한다.

우리에게 거창한 질문은 필요 없다. 오직 한 가지 진실이 있을 뿐이다. 누군가 우리 곁에서 힘들어 하고 아파하는 한 사람이 있다면 그를 향한 연민과 사랑을 가져야 한다는 것이다. 자신의 인생을 살기에만 바빠서 허우적거려서는 안 된다. 주님이 우리를 먼저 찾아오신 것은 나만 구원하시려고 한 것이 아니라 나를 통해서 아파하고 있는 다른 누군가를 제자 삼으려고 하신 것임을 잊지 말아야 한다.

누군가의 차가운 손을 잡아 주고 그의 흐르는 눈물을 씻어 주고 그의 목자가 되어 주라고 우리를 부르셨는데 우리는 어떻게 살고 있는가? 우리는 하나님께 한 사람을 향한 목자의 인생을 다시 살게 해달라고 기도해야 한다. 모든 그리스도인에게 주님은 목자의 길을 가라고 명령하셨다. 목자 없이 고생하며 기진하는 누군가에게 목자가 되어 주라는 주님의 음성에 순종하는 그리스도인이 되어야 할 것이다.

11강_ 영적 진보

·· 이철신

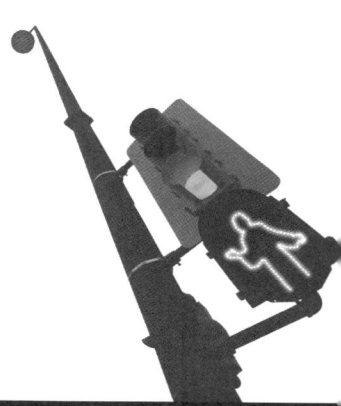

이철신 영락교회 담임목사
연세대학교 사학과 졸업, 장로회신학대학교 신학대학원M.Div./ Th.M.,
트리니티 신학대학원 석사, 바이올라 대학교 선교대학원 선교학 박사과정 수료,
바이올라 대학교 명예신학박사D.D., 월드비전 이사.

그리스도인들은 식사 때마다 하나님께 감사 기도를 드린다. 그러나 아무리 믿음의 집안에서 자란 아이라고 해도 처음부터 기도를 잘하는 것은 아니다. 기도가 습관이 되기까지는 굉장히 오랜 시간이 걸린다. 어린 시절, 우리 집에서는 두 단짜리 짤막한 식사기도용 찬송을 부른 후 밥을 먹었다. 어릴 때 집에서 찬송으로 기도를 하고 밥을 먹는 것은 아무렇지도 않았다. 그러나 학교를 다니게 되자 그렇게 기도하는 사람은 나밖에 없었다. 정말 쑥스러운 일이었다.

이후 우리 자녀들도 밥을 먹기 전에 그 노래로 기도를 했다. 우리 손자도 식사 전에 그 찬양을 부른다. 상당히 오랜 역사를 가진 식사기도인 셈이다. 아이들을 키울 때는 몰랐는데, 요새 손자가 하는 걸 가만히 보니 그 노래를 배워서 혼자 기도하기까지는 굉장히 오랜 시간이 걸리는 것이었다. 처음에는 가사의 의미가 뭔지도 모르면서 부모가 계속 시키니까 따라했다. 그러다가 나중에는 혼자서도 거의 완벽하게 그 노래를 부를 수 있게 되었다.

신앙이 자라는 것도 마찬가지다. 처음에는 기도가 뭔지도 모르고 그냥 기도의 형식을 따라하다가 기도를 제대로 혼자 하게 되기까지는 수년 혹은 그 이상이 걸린다. 그렇듯 신앙이 계속 성장하여 장성한 분량에 이르기까지는 일생이 걸릴 것이다. 그리스도인이라면 일평생 이러한 영적 진보를 이루어 가야 한다.

구원의 의미

성경은 구원의 의미를 세 가지로 보여 준다. 첫째는 거듭남, 즉 '중생'重生이다. 죄 가운데 있던 우리는 죄를 회개하고 예수 그리스도의 피로 죄 사함을 받아서 거듭나게 되었다. 새로운 피조물이 된 것이다. 이러한 중생이 바로 구원이다. 둘째는 '성화'聖化다. 성화란 예수 그리스도를 바라보고, 예수 그리스도를 따라가면서 점점 그분을 닮아 거룩하게 되는 삶을 말한다. 구원의 세 번째 의미는 우리가 이 땅을 떠났을 때 하나님 나라에서 영광을 누리는 것이다.

중생은 단번에 이루어지는 사건이다. 물론 우리가 죄를 회개하기까지 어느 정도 시간이 걸리는 건 사실이다. 그러나 우리가 죄 사함 받은 것을 확신하고 예수가 나의 구주이심을 분명히 믿고 그분과 인격적인 관계를 가지는 것은 순식간에 일어나는 일이다. 순식간에 일어난 그 사건은 신앙생활의 시발점이 되고 그때부터 주님과 동행하는 삶을 살아가게 된다.

중생이 단번에 일어난다면, 성화는 오랜 시간에 걸쳐 이루어진다. 우리가 이 땅을 살아가는 동안 계속해서 성화하는 과정을 거치게 된다. 그 시간 동안 우리는 계속해서 한 걸음씩 성숙하고 조금씩 예수님의 성품과 인격을 닮아 가야 한다. 이러한 진보와 발전은 저절로 이루어지지 않는다. 부단한 경건의 훈련을 통해서 우리의 신앙이 성숙하고 진보하고 발전한다.

영적 진보와 경건 훈련

처음 예수님을 믿을 때, 우리는 하나님 앞에서 회개하고 죄 사함을 받았다. 그러나 그것으로 끝나서는 안 된다. 꾸준히, 계속해서, 날마다 죄를 회개해야 한다. 그렇게 함으로써 죄에서 벗어나게 되는 것이다. 죄로 빠르게 향하던 마음이 예수님께로 향해야 한다. 죄에서 점점 멀어지고 예수님께로 점점 가까이 나아가야 한다. 그 죄에서 벗어나기까지 경건의 훈련을 계속하지 않으면 예수님께로 나아갈 수가 없다.

운동선수들은 꾸준한 훈련을 통해 자신의 기록을 갱신한다. 달리기 선수든 수영 선수든 계속 훈련하지 않으면 기록을 유지하기는커녕 퇴보하기 마련이다. 계속해서 훈련하고 연습해야만 기록을 갱신하고 진보할 수 있다. 악기를 연주하는 사람들도 마찬가지다. 연주자들은 3일만 연습을 못해도 스스로 감각이 무뎌졌음을 느낀다고 한다. 만약 일주일이나 한 달 정도 연습을 하지 않는다면 자신뿐 아니라 다른 사람도 알아차린다고 한다.

어린아이들이 걷기까지 얼마나 많은 연습이 필요한가. 넘어지면 일어나고 넘어지면 또 일어나기를 얼마나 반복하는가. 앞서 말했듯 손자가 식사기도 노래를 부르는 것도 마찬가지다. 노래를 제대로 부르기까지 수도 없이 연습했다. 하루 세끼 밥 먹을 때는 물론, 간식 먹을 때도 연습했다. 그렇게 많은 연습 끝에 결국 그 노래를 부를 수 있게 되었다. 연습이 없고 훈련이 없으면 진보가 있을 수 없다.

그러한 반복적이고 지속적인 연습이 바로 경건 훈련의 방법이다.

장 칼뱅도 말씀과 기도를 통한 경건 훈련을 강조한 바 있다. 하나님은 우리에게 말씀을 주셨다. 예수 그리스도를 가장 잘 드러내는 것이 바로 말씀이다. 말씀은 영의 양식이므로 부지런히 먹어야 한다. 부지런히 연구해야 한다. 하나님의 말씀을 연구할 때는 우리의 이성을 최대한 활용해야 한다. 하나님이 우리에게 이성을 주셨는데 그 이성을 최대한 활용해서 하나님의 말씀을 공부하는 것은 당연하지 않은가. 그런데 대부분 그것을 무척 어렵게 생각한다. 그래서 필요한 것이 성경 읽기표다. 성경 읽기표를 가지고 성경을 확인하면서 매일 읽으면 일 년에 구약은 한 번, 신약은 두 번 읽게 된다. 그러면 성경을 매우 균형 있게 읽을 수 있다. 며칠 읽지 못하면 만회하기가 아주 힘들기 때문에 매일 꾸준히 읽어야 한다. 한꺼번에 몰아서 읽으면 내용을 파악하기도 어렵다. 매일 조금씩 규칙적으로 읽는 것이 중요하다.

또 성경을 읽거나 연구할 때 여러 번역본을 가지고 읽는 것이 중요하다. 여러 번역본을 놓고 비교하면서 보면 내용이 풍성해진다. 이처럼 이성과 지성을 활용해서 성경을 연구하고 공부하는 경건의 훈련이 있을 때 발전하고 진보할 수 있다.

그렇다고 이성과 지성만 사용하면서 성경을 공부하는 것은 바람직하지 않다. 무엇보다 말씀 묵상과 기도를 잊지 말아야 한다. 말씀을 읽고 묵상할 때 성령님이 역사하신다. 성령님의 조명하심을 통해 감동을 받게 되고 하나님의 말씀을 밝히 깨달아 알 수 있게 된다. 그 과정 가운데서 마음이 뜨거워지고 눈이 열리는 것을 체험하게 된다. 경건의 훈련을 할 때, 성령님은 이처럼 우리의 이성뿐 아니라 감성도 함께 사용하신다. 그러므로 말씀을 대할 때 가장 중요한 것은 성령님께 의지하는 것이다. 이성만 가지고서는 말씀을 제대로 깨달을 수가 없고, 깨닫지 못한 말씀은 우리에게 생명을 줄 수가 없다.

성령님이 밝히 조명하고 역사하셔야 비로소 그 말씀이 우리의 말씀이 되고 그 뜻을 깨닫게 된다. 성령님이 역사하실 때 사람들이 성경을 읽다가 죄를 회개하고 눈물을 흘린다. 마음이 뜨거워지기도 하고, 찬양하기도 하고, 하나님 앞에 기도하며 부르짖기도 한다. 성령님의 역사하심을 통해 우리의 이성과 감성이 다 동원되어 예수님을 알아 가게 된다. 또 하나님 안에 거하여 살게 된다.

결단하고 실천하는 삶

하나님의 말씀을 읽고 깨달았다면 그 말씀을 우리 삶에 적용하고 결단하고 실천해야 한다. 우리 가운데 죄악 된 성품이 있다면 버려야 한다. 그리고 예수 그리스도의 성품을 닮기로 결단해야 한다. 순종하겠다고, 헌신하겠다고, 내 속에 있는 혈기를 버리겠다고, 온유하겠다고, 인내하겠다고, 전도하겠다고, 봉사하겠다고 다짐하는 것이 하나님의 말씀을 깨달은 후 해야 할 일이다. 이러한 결단이 반드시 필요하다.

골방에서 성경 읽고 기도하고 끝내는 성도들이 많다. 성경 읽고 기도하고 기뻐하며 찬양하다가 혼자 은혜 받고 골방에서 끝나버리면 반쪽 신앙일 뿐이다. 깨달은 대로, 마음 가운데 다짐하고 결단한 대로 나가서 그것을 실천해야 한다. 사랑하지 못하던 사람이라면 나가서 다른 사람에게 사랑을 표현하고 베풀어야 한다. 또한 그 힘으로 나가서 복음을 전하고 이웃에게 봉사해야 한다. 결단한 대로 실천해야 한다. 그렇게 할 때, 우리 신앙의 진보가 나타나게 된다. 성경은 우리에게 이렇게 명한다.

> "이 모든 일에 전심전력하여 너의 성숙함을 모든 사람에게 나타나게 하라" 딤전 4:15

전심전력해야 성숙하게 된다는 말씀이다. 게으르고 나태해서는 어떤 진보도 일어나지 않는다. 모든 일이 마찬가지다. 운동도 게으르면 제대로 할 수 없다. 건강을 위해 운동을 해야겠다는 생각이 든 순간, 운동을 하기로 작정해야 한다. 그리고 한 번에 그치는 것이 아니라 꾸준히 계속해야 한다. 그래야 처음 작정한 대로 습관이 붙고 몸이 건강해진다. 나름대로 마음을 먹었는데 며칠 하다가 그만두는 일이 얼마나 많은가. 바로 나태함과 게으름 때문에 중단하고 마는 것이다. 그러면 원래 목적이었던 '건강한 몸'은 물거품이 되고 만다. 육체적인 발전이 없는 사람이 되고 만다.

영적으로도 마찬가지다. 게을러서는 절대 진보할 수 없다. 전심전력으로 부지런해져야 한다. 오랫동안 신앙생활을 했는데도 진보하지 못하는 분들이 많다. 신앙생활을 해온 햇수는 오래되었는데 그 햇수만큼 진보한 모습이 보이지 않는다면 얼마나 안타까운 일인가.

어떤 그리스도인들은 세상을 떠나는 마지막 순간까지도 진보한다. 불치병에 걸려 누워 있는 환자가 있었다. 너무나 큰 고통을 당하는 모습을 보면서 목사로서 무슨 말로 위로해야 할지 입이 떨어지지 않았다. 하나님의 말씀을 전하면서 위로도 하고, 격려도 하고, 힘을 북돋아야 하는데 극심한 고통에 시달리는 모습에 쉽사리 말을 건넬 자신이 없어져 버렸다. 그래도 너무 안타까워서 그 환자를 붙들고 기도했다. 그러자 그분이 말했다. "목사님, 제 걱정은 하지 마십시오. 저는 날마다 승리하고 있습니다."

그분은 고통 가운데서도 자신이 승리한다고 했다. 병이 너무 오래되어서 어떤 약이나 진통제도 듣질 않는 상황이었다. 그분은 겪을 수 있는 고통은 다 겪은 분이었다. 비록 고통으로 얼굴이 일그러졌을지언정 마음의 평안을 이야기했다. 정말 대단한 그리스도인이 아닌가! 그분은 마지막 순간까지 영적인 진보를 이루고 있었다. 그 영적 진보를 이루기까지 얼마나 많은 기도를 했겠는가. 육신의 고통과 마음의 절망을 이겨내기까지 마음 가운데 얼마나 치열한 투쟁이 있었겠는가.

영적 진보를 위한 교회의 역할

우리는 단기간에 올리는 성과를 중요하게 여기는 시대에 살고 있다. 현대인은 최소한의 시간에 최대한의 성과를 내도록 종용하는 사회 속에 살고 있다. 교회에도 예외 없이 이러한 풍토가 자리 잡고 있다. 짧은 시간에 성과를 내야 하는 세상의 법칙이 교회 안에서도 작용하고 있다. 단기간 내에 교회의 교인이 얼마나 늘었느냐, 교회 재정이 얼마나 늘었느냐 하는 성과주의의 잣대로 교회 성장을 가늠하는 것이 현실이다. 특별 집회를 참석하면서 기대하는 것 역시 마찬가지다. 교회 성장을 위한 특별한 비결은 없는지, 더 빠른 방법은 없는지, 짧은 시간 안에 화끈하게 성도를 사로잡을 방법은 없는지 기대한다. 이런 단기적인 성과에 목을 맨다.

그러나 그리스도인의 영적 진보는 단기간에 이루어지지 않는다. 오랜 기간을 두고 점진적으로 꾸준히 이루는 것이 진정한 진보다. 짧은 시간에 얻을 수 있는 진보는 없다. 조급하게 얻을 수 있는 것은 아무것도 없다. 오히려 영적 진보는 조급하게 서두르다 보면 더 퇴보할 수 있다. 예수님 안에서 기뻐하고 즐거워하고, 우리의 성품이 예수님을 닮아서 조금씩 변하는 것이 순서이다. 그런데 조급하게 서두르다 보면 예수님을 닮은 성품이 되기는커녕 그와는 점점 멀어진다. 장기적이고 점진적으로 따라야만 신앙이 성숙하고 발전하게 된다.

교회는 바로 교인들의 신앙이 더 성숙해지도록 돕는 기관이다. 성도들이 예수님과 인격적인 교제를 더 풍성히 나누고 그분을 더 닮아 가고 세상 사람들을 더 사랑하도록 돕는 곳이 교회다. 그리스도인들은 신앙생활을 한 햇수만큼 영적으로 진보해야 한다. 어떤 그리스도인은 조금 더 진보할 것이고 어떤 그리스도인은 덜 진보할 것이다. 그렇지만 분명한 것은 신앙생활을 하면 할수록 신앙이 진보해야 한다는 사실이다.

그리스도인에게 집회 기간은 잔치와도 같다. 그런 특별한 기간에 예수님이 기뻐하시는 진보가 일어날 수 있지만 며칠 동안 얼마나 진보했는지 계산해서는 안 된다. 예수님 안에서 우리가 평안을 누리고 예수님 안에서 기뻐하고 즐거워하면서 예수님을 조금 더 닮아 가면 진보한 것이다. 그리스도인은 예수님을 바라보는 습관을 길러야 한다. 예수님을 바라보며 찬양하고 기도하고 말씀을 들을 때 영적 진보가 일어난다.

우리는 예수님 안에서 기뻐해야 한다. 예수님을 바라보고 닮아 가면서 영적인 진보를 이루는 그리스도인이 되어야 한다. 이 모든 영적 진보의 여정 가운데 하나님이 함께하시며 붙들어 주실 것이다.

12강_ 고백하는 믿음

·· 홍정길

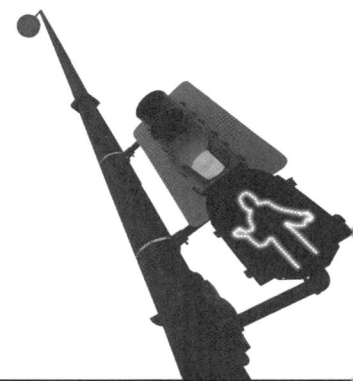

홍정길 남서울은혜교회 담임목사
숭실대 철학과 졸업, 총신대학교 신학대학원 졸업, 남서울교회 원로목사,
한국대학생선교회C.C.C 총무, 학원복음화협의회 공동대표, 한국해외선교회GMP 이사,
KOSTA 이사장, 밀알선교단 이사장, 평화통일을 위한 남북나눔운동 회장,
저서 『우리가 소망하는 교회』, 『하나님의 은혜, 나의 사명』,
『자유를 위하여 부르심을 입었나니』 외 다수

종은 쳐야 종이다. 치지 않는 종은 쇠붙이일 뿐이다. 마찬가지로 믿음은 고백으로 입증된다. 그런데 한국 교회는 여러 가지 고백 가운데서도 한두 가지만 고백이라고 생각하는 경향이 있다. 물론 가장 중요한 것은 '구원 고백'이다. 예수 그리스도가 자신의 구세주이며 주님이심을 날마다 확인하고 고백하고 전파해야 한다. 이것이 무너지면 기독교가 아니다.

요즘 많은 사람들이 전도하는 사람들에게 크게 떠들면서 전도하지 말라고 한다. 또 어떤 신학자들은 복음 전하는 것을 무식한 것인양 말하곤 한다. 그 말이 마치 옳은 것처럼 보이는 것이 요즘의 세태다. 이러한 생각과 행동은 한국 교회에 위기를 초래하고 있다. 그리스도의 복음은 속에서부터 타오르기 때문에 반드시 구체적으로 우리의 언어로 고백되어야 한다.

구원 고백

처음 전도폭발 임상 훈련을 하던 때의 일이다. 당시 사랑의교회 옥한흠 목사님은 미국에서 돌아와 제자훈련에 박차를 가하고 있었다. 옥 목사님에게 전국의 지도자와 목회자들을 모아 놓고 처음으로 전도폭발 임상 훈련을 하는 날이니 꼭 참석해 달라고 부탁을 했다. 옥 목사님은 너무 바빠 참석하지 못할 것 같다고 하시더니 결국 참석하시면서 바쁜 일정 때문에 간단히 식사만 하고 가겠다고 하셨다. 그런데 식사 도중에 한 자매가 예수 그리스도를 어떻게 전했는지, 그때 성령님이 어떻게 역사하셨는지 간증하기 시작했다. 그러자 옥 목사님은 간증을 끝까지 듣고 앞으로 나와서 고백하셨다.

"그동안 제자훈련을 열심히 진행하면서도 뭔가 부족함을 느꼈습니다. 말씀을 전해도 힘이 없고 성경공부를 해도 화산처럼 터지는 능력이 없어서 꼭 거세 당한 것 같았죠. 그런데 성령에 붙들려 예수 그리스도를 전하는 자매의 간증을 들으면서 제게 부족한 것이 무엇인지 깨달았습니다."

옥 목사님은 여기서 그치지 않고 그날 전도폭발 임상 훈련을 지도했던 양승헌 목사님을 찾아갔다. 양 목사님은 미국의 달라스 신학교에서 공부하기 위해 6개월 후 한국을 떠날 예정이었다. 옥 목사님은 양 목사님에게 미국으로 가기 전에 자신을 제자로 키우고 떠나라고 강청했다. 사실 양 목사님은 옥 목사님의 학교 제자였다. 그런데 제자에게 자신을 가르쳐 달라고 강청한 것이다. 옥 목사님 흉내를 내려면 이런 것부터 따라해야 한다. 사람들은 큰 교회 흉내만 내고 유명한 것만 좇으려고 한다. 그러나 외형적인 것보다 영혼을 향한 깊은 열정이 있어야 하고, 언제든지 우리 속에 있는 살아 있는 믿음을 고백하는 것이 중요하다.

사도 바울은 다메섹 도상에서 예수 그리스도를 만난 이야기만 나오면 흥분해서 어쩔 줄 몰랐다. 그는 재판을 받는 죄수의 신분으로 있었으면서도 예수 그리스도를 전파하다가 급기야 쇠사슬에 묶인 손을 높이 든 채 이렇게 외쳤다.

"…오늘 내 말을 듣는 모든 사람도 다 이렇게 결박된 것 외에는 나와 같이 되기를 하나님께 원하나이다" 행 26:29

그리스도인들은 날마다 예수님이 구원해 주신 것에 대

한 감격으로 아침을 맞아야 한다. 그분이 오늘 우리를 어떻게 인도하실지 기대하고 어떻게 우리의 인생을 승리로 이끄실지 소망해야 한다. 날마다 우리가 첫 번째로 해야 할 것은 구원 고백임을 잊지 말자.

예배의 고백

두 번째는 예배의 고백, 곧 공동체 고백이다. 사도행전 2장 46절과 47절 말씀을 보면 제자들이 성령을 받은 후 너무 좋아서 날마다 성전에 모여 떡을 떼고 하나님을 찬양하는 모습이 나온다. 마태복음 18장 20절에서 예수님은 두세 사람이 주의 이름으로 모인 곳에 함께하신다고 하셨다. 하나님은 하나님의 백성들이 모이는 것을 기뻐하신다. 모든 부모가 자식들이 모이는 것을 기뻐하는 것과 같은 이치다. 그러므로 우리는 하나님의 자녀를 만나면 서로 형제 자매임을 고백하면서 하나님 앞에 찬양하는 특권을 놓쳐서는 안 된다.

어떤 그리스도인들은 집에서 혼자 성경공부만 해도 된

다고 한다. 또 묵상만 해도 된다고 하는 사람도 있다. 그러나 그것은 잘못된 생각이다. 성도들이 모일 때마다 성령님이 함께하시는 것이 기독교다. 그때마다 하나님은 영광을 받으시며, 성도들에게 새 힘을 주신다. 만약 주일 예배가 없었다면 오늘날과 같은 교회의 부흥과 발전이 있었을까? 히브리서 10장 25절은 "모이기를 폐하는 어떤 사람들의 습관과 같이 하지 말라"고 당부한다. 그러므로 우리는 함께 모여 공동체 고백을 해야 한다.

성도들은 영원히 하나님 앞에서 영광과 찬송을 돌려야 할 하나님의 백성이다. 성도들은 믿음의 눈으로 하나님의 때를 바라보며 모이기를 힘써야 한다. 하나님이 모이라고 명하셨다면 모이는 것이 그리스도인의 도리다. 그 말씀에 다른 핑계나 이유를 붙여서는 안 된다.

우리는 모임을 통해 성령님이 어떻게 역사하실지 기대하게 된다. 또한 교회의 여러 모임을 통해서 주님이 한국 교회를 어떻게 움직이고 역사하실지 기대해야 한다. 하나님은 살아 계신 하나님이시고 모임 위에 능력으로 임하시는 하나님이시다. 이러한 고백이 날마다 모임 가운데 불타야 한다.

교회가 자꾸 모이기만 하면 되겠느냐고 하는 사람들이 있다. 이에 대해 그리스도인들은 당당히 말해야 한다. 모이기만 하면 된다! 모이지 않고 뭐가 될 수 있겠는가? 감언이설에 속지 말라. 주님이 모이라고 명하셨으면 모이면 된다. 주님이 기뻐하라고 명하셨으면 기뻐하면 된다. 주님의 명령에 우리 인간이 너무 많은 이론을 붙이면 생명력을 잃게 된다.

지금까지의 고백들은 한국 교회가 제법 잘해 왔다. 그러나 다음에 나올 고백들은 한국 교회가 그동안 취약했던 것이 사실이다.

윤리 고백

우리가 또 고백해야 할 것은 바로 윤리 고백이다. 하나님의 말씀에 순종할 때 윤리 고백을 할 수 있다. 요즘 텔레비전에서는 유부남 유부녀들의 연애를 조장하는 프로그램들이 많다. 미국의 "위기의 주부들"Desperate Housewives이라는 드라마를 비롯해서 우리나라에서 방영되는 여러 프로

그램을 봐도 다 그런 식이다. 그런 문화에 익숙해지다 보면 불륜이 멋있는 것처럼 여겨진다. 그러나 성경은 그리스도인들이 그런 감정에 끌려서는 안 된다고 가르친다. '간음하지 말라'는 십계명이 바로 그것이다. 그것은 과거의 윤리가 아니라 영원한 윤리이다.

오늘도 하나님은 말씀에 순종하는 자에게 날마다 윤리적인 고백을 하도록 하신다. 그래서 예수 믿는 사람은 사업을 해도 다른 사람들처럼 눈가림할 수 없다. 날마다 말씀에 순종함으로써 얻게 되는 고백이 있기 때문이다.

섬김의 고백

우리는 하나님의 사랑을 받은 사람들이다. 예수님은 "내가 너희의 스승으로, 너희의 주로 너희 발을 씻었으니 너희도 서로 그리하라"요 13:14 참조고 말씀하셨다. 하나님의 사랑이 우리 가슴에 넘침으로 드릴 수 있는 섬김의 고백이 있다.

지금부터 15년 전쯤 고베에서 지진이 일어났을 때 한국 교회의 젊은 청년 300명이 그 현장에 갔지만 모든 도로가 끊어져서 고베로 들어갈 수가 없었다. 궁리 끝에 그들을 도울 수 있는 한 가지 방법을 찾게 되었다. 중심지에 있는 양로원이 별로 부서지지 않아서 할아버지 할머니들이 기거하고 있다는 소식을 들었다. 청년들은 오사카에서 자전거를 300대 빌려 그곳에다 물과 우유, 화장지 등 필요한 물품들을 나르기 시작했다. 그때 모두 놀란 것은 일본 청년들이 그 광경을 지켜보기만 할 뿐 도와주지 않은 것이었다. 오히려 그들은 한국인들이 와서 이상한 짓을 한다는 표정이었다. 곧이어 미국과 영국, 호주에서도 청년들이 왔다. 그들 역시 한국 청년들과 함께 그 일을 했는데 95퍼센트가 그리스도인이었다.

10여 년 전에는 터키에서 지진이 났다. 어떻게 이런 재앙이 있을 수 있을까 싶을 만큼 참혹했다. 그래서 한국 교회에서 기금을 모아 집을 지어 주기 시작했다. 가장 극심한 피해를 입은 얄로바 시에 한국 사람들이 마을 하나를 조성했다. 무슬림 지역인 그곳에서 가장 땀을 흘리며 헌신한 사람들은 그리스도인들이었다. 왜 그랬을까? 제자들의 발을 씻어 주시던 예수님의 놀라운 사랑을 경험한 그들은 그 사랑이 필요한 곳에 섬기러 간 것이다.

　요즘은 국가적인 차원에서 대북 지원을 하지만, 그리스도인들은 1992년부터 북한을 지원해 왔다. 특히 어린아이들에게 우유를 전달하는 일을 중점적으로 했다. 왜냐하면 '절대영양결핍'으로 어린아이들이 생명을 잃거나 장애를 갖게 되는 일이 많기 때문이다. 소말리아·수단·에디오피아의 난민촌의 영양표본조사를 보면 대개 12퍼센트가 '절대영양결핍'으로 고통 받고 있다. 표본조사에 따르면 북한은 그보다 더 높은 수치인 16.8퍼센트를 기록했다고 한다. 이것은 재앙이다.

　사람의 뇌는 24개월 이내에 95퍼센트가 자란다고 한다. 그때 영양이 제대로 공급되지 않으면 아이들은 정신지체 현상을 겪게 된다. 평양 주재원으로 있던 캐나다의 토론토 대학 와인 가트너 교수는 북한 아이들이 그러한 정신지체를 겪고 있다고 했다. 이를 돕기 위해 발 벗고 나서는 사람의 70퍼센트가 그리스도인들이라고 했다. 그리고 30퍼센트가 가톨릭과 불교, 각 NGO단체였다. 아무도 한국 교회를 알아주지 않지만, 오히려 기독교인들은 대체 뭐하냐고 떠들어 대지만 정작 속을 들여다보면 한국의 그리스도인들이 젖꼭지가 되어 북한 어린이들에게 우유를 공급해 주고 있다. 우리에겐 이와 같은 섬김의 고백이 있어야 한다. 이것을 놓쳐서는 안 된다.

한국 교회 대다수는 구원 고백에만 머물러 있다. 그 고백만 바른 고백이라고 생각한다. 혹은 공동체 고백에 해당하는 예배 고백에만 기뻐하고 즐거워하는 반면 윤리 고백에는 약했던 게 사실이다. 더구나 이러한 헌신의 고백은 교회 안의 특별한 소수만이 행하고 있다. 여기까지는 그래도 성도들이 할 일이라고 생각할 수 있다. 그러나 다음의 고백을 하는 그리스도인은 얼마나 될까?

문화 고백

마지막으로 그리스도인이 해야 할 고백은 바로 문화 고백이다. 사람에게 가장 큰 영향을 끼치는 것이 네 가지 있다. 첫째는 돈이다. 돈 앞에 무릎 꿇지 않는 사람은 드물다. 돈의 위력은 대단하다. 대한민국에서 가장 존경받는 사람이 삼성그룹의 전 회장 이건희 씨라고 한다. 어떤 사람인지는 둘째 치고 돈이 많다는 것이 존경의 이유라고 한다. 결국 사람을 존경하는 것이 아니라 그 사람이 가진 돈을 존경한다는 뜻이다. 둘째는 권력이다. 힘으로 드러나는 권력은 사람에게 엄청난 영향을 미친다. 이 두 가지가 눈에 보이는 영향력이라면 남은 두 가지는 보이지 않는 영향력이다. 셋째가 교육이다. 교육은 사람을 만들어 낸다. 그러나 이보다 더 커서 저항할 수 없는 영향력이 있다. 바로 문화의 영향력이다.

프로테스탄트Protestant, 즉 개신교의 문화란 무엇일까? 얼른 생각이 나지 않을 수도 있다. 삶 속에서 우리가 가진 아름다운 향기를 후손들에게 정형화해서 전달할 수 있는 것이 문화다. 한국에서 문화사역자라고 하면 CCM 가수들만 생각하는데 그뿐이 아니다. 문화는 그보다 더 크다. 하나님을 향한 아름다운 고백을 오래도록 후손들에게 물려주려는 선현들의 노력이 문화다. 청교도주의는 윤리는 만들어 냈을지 몰라도 문화를 만들어 내지는 못했다.

개신교가 가톨릭에서 개혁하여 나오면서 가톨릭이 가진 두 가지 좋은 것을 놓치고 말았다. 첫 번째는 묵상이다. 묵상이 없으면 철학이 없고 사상이 없다. 수많은 기독교 서적이 쏟아져 나오는데 우리에게 사상이라고 말할 만한 책이 있는가? 우리에게 묵상이 없기 때문에 성자가 없는 것은 아닐까? 이것이야말로 연구해야 할 과제다.

또 다른 하나는 미술이다. 그것은 개신교가 시각의 민족인 지중해 연안의 라틴 민족에게서 청각의 민족인 독일로 옮겨 가면서 약화되었다. 시각의 민족은 다빈치와 미켈란젤로, 라파엘을 만들어 냈고, 청각의 민족은 바흐와 베토벤을 탄생시켰다. 그런데 개신교의 화가라고 하면 렘브란트만 떠오를 뿐이다. 아니, 렘브란트마저도 정말 개신교적인 신앙고백을 가진 화가인가 하는 의구심이 든다.

오늘날 한국의 그리스도인들은 많은 미술 작품을 가지고 있다. 그런데 단지 형태로서 그림을 만들어 낼 뿐이다. 물론 예수의 생애를 그린 그림도 있다. 그러나 그 그림을 통해 감동을 받기가 힘들다. 그런 까닭에 동양 문화에서 정말 예수 그리스도의 향기가 드러나는 미술 문화가 생성될 수 있을까 싶다.

2005년, 중국에서 미술대전이 열렸다. 2천만 명의 화가가 있는 중국에서 5년에 한 번 열리는 미술대전이니만큼 꽤 큰 대회였다. 거기서 최종으로 뽑힌 입선작만 베이징에 전시되었는데 그 중 하나가 바로 장양의 작품이었다. 항저우에 있는 미술대학 졸업반이자 여섯 그룹의 지하교회 성도들에게 성경공부를 가르치는 리더였던 그는 제10기 미술대전에서 은상을 받았다.

    그림의 제목은 "기원"이었다. 그는 원래 "기도"라고 하고 싶었는데 기독교인이 아니더라도 공감할 수 있도록 그렇게 붙인 것이다. 지하교회에서 기도하는 성도들의 뒷모습을 그린 그 그림은 매우 영감 있는 작품이었다. 기도의 영감이 은총의 보좌를 향해 올라가는 감동이 느껴졌다. 화가의 마음속에 활활 타고 있는 신앙이 화폭에 그대로 담겨서 하나님을 향한 마음이 어떤 것인지를 보여 주었다.

    그의 다른 작품으로 "성만찬"이 있다. 그것은 허름한 옷을 입은 중국의 지하교회 성도들이 하얀 알루미늄 그릇에다 떡을 떼어 서로 나누는 그림이다. 어둠 속에서 찬란한 빛으로 가득 차 있는 그 그림에서도 평화와 기쁨과 감격이 고스란히 느껴졌다.

    단지 일부를 예로 들었을 뿐이다. 영감은 그리는 것이 아니라 속에서 우러나는 것이다. 우리는 밀레의 "만종"에서 경건함을 느끼고 감동을 받는다. 이렇듯 문화는 한 번의 고백으로 끝나지 않고 수많은 사람들이 그 문화를 접할 때마다 감화를 받게 해준다.

우리의 삶 속에서 우리의 신앙이 고백되고 있는가? 날마다 구원이 우리의 가슴속에 감동으로 들끓고 그것이 우리의 입으로 고백되고 있는가? 때때로 예수 그리스도를 전하지 않고는 견딜 수 없는 마음 때문에 사람들에게 외면을 당하면서도 그리스도를 전하고 있는가? 또한 하나님의 자녀들과 함께 모여 사랑하고 즐거워하고 기뻐하고 하나님을 찬양하는 공동체 고백이 있는가? 그 가운데서 날마다 주의 말씀에 순종하는 윤리적인 결단들이 고백적으로 드러나는가? 그런 노력을 할 때 세상은 그리스도인이 뭔가 다르다는 것을 보게 되고 하나님의 거룩하심과 구원의 역사를 경험할 것이다.

주님이 우리를 통해 흘러가게 하시는 그 큰 사랑을 섬김의 고백으로 드러내야 한다. 또 한 가지, 하나님이 우리에게 주신 재능을 최선으로 아름답게 그려 내어 문화로 결집시키는 것을 잊어서는 안 된다. 그것이 시대정신을 만들고 후손들에게도 우리가 살았던 삶의 아름다운 향기를 전하는 축복의 통로가 될 것이다. 바른 고백이 넘치며 부족한 고백들이 샘이 되어 터져 나와 구원뿐만 아니라 예배로, 윤리적인 삶으로, 섬김으로, 나아가 문화로 우리의 신앙을 고백하는 그날을 꿈꾼다.

13강_ 뿌리 깊은 영성

•• 강준민

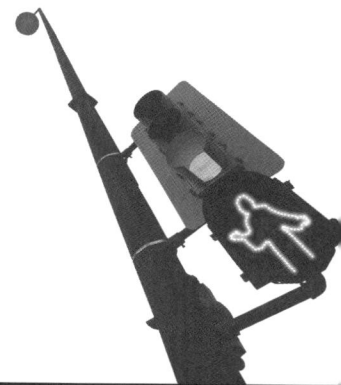

강준민 레노바레코리아 공동대표, 동양선교회 담임목사
영성목회를 추구하는 목회자, 말씀묵상을 통해 예수님을 닮은 영성을 추구하는 영성가,
KOSTA 강사, 월드미션신학대학원 교수.
저서 『뿌리 깊은 영성』, 『묵상과 영적 성숙』, 『풍부의 법칙』,
『표현의 능력』 외 다수.

뿌리 깊은 영성은 예수님의 영성이다. 우리가 추구하는 영성은 예수님을 닮아 가는 영성이며 또 예수님께 뿌리박은 영성이다. 이 말씀은 골로새서 2장 6절과 7절에 기초하고 있다.

"그러므로 너희가 그리스도 예수를 주로 받았으니 그 안에서 행하되 그 안에 뿌리를 박으며 세움을 받아 교훈을 받은 대로 믿음에 굳게 서서 감사함을 넘치게 하라"

'그 안에 뿌리를 박으며'라는 말씀은 바로 예수 그리스도 안에 뿌리를 박는다는 뜻이다. 뿌리 깊은 영성은 예수님을 영접함으로 시작된다. "너희가 그리스도 예수를 주로 받았으니." 우리가 예수님을 '주로 영접했다'는 말이다. 무엇보다 먼저 예수님을 영접해야 한다.

예수님을 초대하라

부흥과 영성의 차이점은 무엇일까? 부흥은 하나님이

우리에게 찾아오시는 것이고, 영성은 찾아오신 하나님을 우리 안에 머무르시게 하는 것이다. 예수님은 이 땅에 우리를 찾아오셨다.

> "자기 땅에 오매 자기 백성이 영접하지 아니하였으나 영접하는 자 곧 그 이름을 믿는 자들에게는 하나님의 자녀가 되는 권세를 주셨으니" 요 1:11-12

하나님이 우리를 찾아오신 것이 부흥이다. 1907년에는 특별히 평양에 찾아오셨고 우리 민족에게 찾아오셨다. 찾아오신 하나님을 머무르게 하고 거주하게 하는 것이 영성이다. 우리는 하나님을 환영해야 한다. '예수를 주로 받았다'는 말은 예수님을 주인으로 삼았다는 뜻으로, 예수님을 주로 삼으려면 여태껏 내가 주인 삼은 것들을 내려놓아야 한다. 예수님을 영접하기 위해서는 내가 먼저 비워야 된다. 비우지 않으면 예수님을 영접할 수 없다.

좋은 것이 찾아오는 것은 은혜다. 그러나 좋은 것이 머무르게 하는 것은 영성훈련을 통해서만 가능하며, 그것이 바로 우리가 추구하는 영성훈련이다.

마태복음 7장 11절과 누가복음 11장 13절을 비교해 보면 '좋은 것'은 성령님이라고 말씀하고 있다. 예수님이 찾아오시고 또 성령님이 우리에게 찾아오신다. 찾아오신 그분을 우리가 주인 삼고 우리 안에 뿌리 내리도록 허락해 드리는 것이 영적인 삶이다. 하나님이 찾아오셔도 머무르시게 하지 않고 환영도 하지 않으면, 하나님은 오래 거하지 않으신다. 찾아오셨다고 해도 우리가 환영하고 초청해야만 머물러 계신다. 뿌리 깊은 영성은 예수 그리스도를 우리 안에 영접하고 그 예수님이 우리 안에 거하시도록 환영하여 그분을 우리 인생의 주인으로 바꾸는 것이다. 주인이 바뀌면 집이 달라진다.

한 미국 교회를 구입한 한인 교회가 있었다. 그 교회는 참 좋은 교회였는데도 61년 동안 어려움을 겪는 통에 열네 명의 신자만 남았고, 오래 사용하지 않은 탓에 교회 건물은 더러워져 있었다. 그러던 차에 주인이 바뀌자 그 안에서 쓰레기만 네 트럭이 나왔다. 완전히 새롭게 단장한 것이다. 이렇게 교회도 주인이 바뀌면 달라지는 것처럼 우리 생애도 주인이 바뀌면 달라진다.

우리의 주인은 누구인가? 우리 교회의 주인은 누구인

가? 당연히 예수님이 되셔야 한다. 예수님이 우리의 새 주인이 되실 때 우리 생애는 변화할 것이다. 그리스도의 영이 없으면 그리스도의 사람이 아니다. 교회에 교인은 많지만 그리스도인은 많지 않다. 예수님을 영접하지 않은 사람들이 교회 안에 너무 많기 때문이다. 예수의 생명이 없는 한, 또 하나님께로 난 생명이 없는 한 하나님의 자녀가 아니다.

예수님을 영접한다는 것은 곧 복음을 영접하는 것이다. 우리는 복음을 신앙의 입문이라고 생각하지만 복음은 신앙의 전부다. 신앙의 입문으로 알고 거기에 머무르려 하기 때문에 우리는 복음적인 삶을 경험하지 못하고 있다. 복음은 예수님이고, 복음은 시작이자 마지막이자 전부다. 복음은 우리가 날마다 경험해야 될 하나님의 역사다. 그리스도인이 날마다 경험해야 하는 것이 복음이다. 예수를 처음 믿을 때만 복음을 알고 그 다음에는 복음을 버려도 되는 것이 아니다. 복음은 좋은 것이다. 새것이 좋은 것이 아니다. 좋은 것이 좋은 것이다. 복음이 머무르게 하는 것, 즉 주인 되시며 복음이신 예수님이 우리 안에 머무르도록 하는 것이 영적인 삶이요 영성 생활이다.

예수님께 뿌리내리기

두 번째 뿌리 깊은 영성은 예수님께 뿌리내리는 것이다. 그 아래 뿌리를 박아야만 예수 그리스도 안에 거하게 되고 예수 그리스도께 뿌리를 내려야만 예수님의 생명이 우리 안에 들어오게 된다. 우리의 인생은 어디에 뿌리를 내리느냐에 따라 달라진다. 꽃나무도 화분에만 있을 때는 크지 않는다. 화분에 담긴 꽃나무는 한계가 있다. 그러나 화분에 들어 있는 꽃나무를 땅에 옮겨 심으면 그 나무는 훨씬 잘 자란다. 우리 역시 어디에 뿌리를 내리느냐가 중요하다. 예수님께 뿌리를 내릴 것인가, 아니면 세상에 뿌리를 내릴 것인가? 화분 안에만 있을 것인가, 아니면 화분 밖으로 나올 것인가? 이보다 더 심각하고 중요한 문제가 있다.

많은 사람들이 뿌리가 뽑힌 채 살고 있다. 예수님을 알지 못하는 사람들은 뿌리가 뽑힌 나무와 같다. 나무의 뿌리가 땅에 박혀 있을 때 그 나무는 자라게 된다. 태양과 비가 그 나무를 키운다. 그리고 땅이 그 나무를 키운다. 그러나 만약에 그 나무가 뿌리째 뽑히면 어떤 일이 일어나겠는가? 해가 그 나무를 말라죽게 만들고 비가 그 나무를 썩게 하고 흙이 그 나무를 소멸시킬 것이다. 지금 예수를 믿지 않는 사람들은 뿌리가 뽑힌 채 살고 있다. 그들 안에는 예수님의 생명이 없기 때문에 하나님의 복음이 비치고 하나님의 말씀이 임해도 그들을 위해서 일하는 것이 아니라 그들을 역행해서 일하는 것처럼 보인다.

우리는 어디에 뿌리를 내려야 할까? 예수 그리스도에게 뿌리를 내릴 때 자연과 우주와 모든 것들이 우리를 위해서 일할 것이다. 예수님을 처음 만났을 때, 창밖의 풍경이 예사롭지 않음을 느꼈는가? 세상의 모든 아름다움이 내 안에 들어온 것 같고 모든 만물이 나를 위해 존재하는 것을 체험한다. 이전에는 미처 몰랐던 사실이다.

예수 그리스도에게 뿌리를 박는 순간부터 우리의 존재가 점점 성장하기 시작한다. 하나님을 떠난 백성은 저주되어 소멸하지만, 하나님 안에 있는 백성은 점점 아름답게 성장해서 예수님의 모습을 닮고 그분의 장성한 분량에 이른다. 우리는 주님을 떠나면 소멸된다. 그러나 예수님 안에 거하면 예수님의 장성한 분량으로 자라게 되기 때문에 우리의 삶이 풍성해지고 열매를 맺는다.

예수님께 뿌리내리기 원한다면 예수님을 알아야 한다. 보지 못하는 사람은 사랑할 수 있어도 알지 못하는 사람을 사랑할 수는 없다는 말이 있다. 사랑을 하기 위해서는 대상에 대한 지식이 있어야 한다. 내가 고등학교에 다닐 때 찬송을 가르쳐 주신 선생님이 계셨는데 그분은 시각장애인이어서 아무것도 볼 수 없었지만 학생들을 매우 아끼고 사랑하셨다. 학생들을 보지는 못했지만 사랑할 수는 있었다. 그러나 그분도 모르는 사람을 사랑할 수는 없을 것이다. 우리도 예수님을 보지 못하지만 예수님을 사랑하지 않는가? 그것은 우리가 예수님을 알기 때문이다. 우리는 아는 만큼 사랑한다.

신앙생활을 하면서 익숙함과 친밀함을 혼동할 때가 있다. 교회에 나오는 것이 익숙해지기는 하지만 예수님과의 친밀한 사랑 속에 들어가지 못하는 경우가 많다. 부부관계도 마찬가지다. 세월이 흐를수록 부부는 서로에게 익숙해지지만 갈수록 친밀해지는 부부는 드물다. 우리는 무엇인가에 익숙해지면 소홀해진다. 심지어 익숙해서 경멸할 때도 있다. 그러나 친밀한 사랑이란 서로를 알아가는 것이다. 익숙함과 친밀함은 다르다. 우리가 교회를 2, 30년

다녔다고 해서 예수님을 깊이 아는 것이 아니듯이 예수님을 더 깊이 알아 가려면 말씀을 공부하고 예수님께 우리 생애를 드리면서 우리 자신을 보여 드려야 한다. 우리가 예수님을 사랑하면 사랑하는 만큼 예수님도 우리에게 자신을 보여 주신다.

우리가 예수님을 영접함으로써 인생의 주인이 바뀐 것처럼 우리가 심긴 땅도 바뀐다. 흑암의 권세 아래 있던 우리가 이제는 하나님이 사랑하시는 아들의 나라로 옮겨졌다. 그로 인해 우리는 소멸되지 않고 점차로 예수님의 장성한 분량에까지 이르게 되는 놀라운 역사를 경험하게 될 것이다. 주님과 친밀한 사랑을 누리길 바란다. 친밀한 사랑 없이는 열매가 없다. 그리스도 안에 거할 때에만 열매를 맺을 수 있다.

먼저 아래로 성장하라

세 번째, 뿌리 깊은 영성은 먼저 아래로 성장한다. 영성은 아래로 성장해야 한다. 뿌리를 아래로 내려야 한다. 아래로 뿌리를 내릴 때 작은 것을 소중히 여기는 마음이 가장 필요하다. 뿌리는 원래 작은 씨앗에서 시작된다. 그래서 하나님 나라도 겨자씨에 비유한다. 작은 씨앗에서 시작해 그것이 뿌리를 내리고 점점 확장된다. 나무를 보면 재미있는 진리가 보인다. 나무가 서 있는 땅은 나무의 땅이 아니다. 돈도 들이지 않았다. 그런데 씨앗이 심겨서 점점 뿌리를 내리다가 자기 땅이 아닌데 자기 땅을 만들어 버린다. 이처럼 하나님 나라는 겨자씨처럼 임해서 차츰 세력을 확장하여 점점 뻗어 나간다.

우리가 하나님 나라를 이해하려면 언제나 작은 씨앗이나 작은 자, 작은 충성에 관심을 가져야 한다. 큰 것보다 작은 게 좋은 것이다. 왜냐하면 하나님 나라는 작은 데서 시작하기 때문이다. 하나님 눈에는 큰 교회가 너무 작아 보이거나 한 영혼이 아주 커 보일 수도 있다. 하나님 눈에는 큰 건물보다 한 영혼이 귀하게 보인다는 사실을 기억해야 한다. 우리가 섬기는 교회가 작아도 상관없다. 왜냐하면 우리가 섬기는 한 영혼이 천하보다 크기 때문이다. 하나님이 무엇을 보시는지 알아야 한다.

뿌리 깊은 영성은 자신을 낮추는 영성이다. 왜냐하면

뿌리는 위에 있지 않고 아래에 있기 때문이다. 마귀가 예수님께 했던 가장 큰 유혹은 예수님을 높은 산꼭대기로 데려가서 천하 만물의 영광을 보여 주는 것이었다. 이렇게 마귀는 우리를 높은 곳으로 데려가지만 하나님은 우리를 아래로 향하게 하신다. 예수님은 아래로 임하셔서 자신을 낮추셨다. 하나님의 사람들의 영성에서 가장 탁월한 것은 바로 겸손이다. 겸손이 가장 빛나는 자리는 예배하는 자리이다. 원래 예배는 무릎을 꿇고 기도하고 경배하는 것이다. 자세를 낮추어 기도하는 모습이나 또 발을 씻기기 위해서 무릎을 낮추는 모습이 뿌리 깊은 영성을 표현하는 가장 아름다운 모습이다.

주님은 자신을 낮추고 죽기까지 복종하셨다. 뿌리 깊은 영성의 특징은 자신을 감추는 것이다. 씨앗이 자신을 은닉하고 뿌리를 감추고 나무를 빛나게 해주는 것과 같은 이치다. 뿌리 깊은 영성은 언제나 배경이 된다. 자기를 감추면서 나무를 크게 만들어 꽃피우게 하고 또 열매 맺게 하는 것이 뿌리의 소임이다. 그래서 뿌리 깊은 영성을 추구한다는 것은 드러나기보다는 자신을 감추면서 다른 사람을 세워 주는 역할을 감당함을 의미한다.

뿌리 깊은 영성은 보이지 않는 속사람을 갖고 있다. 내면세계의 뿌리는 보이지 않지만 그 속에 놀라운 영광이 있다. 속사람을 가지고 가야 된다. 오늘날 한국 교회가 부흥한 것은 좋은 일이다. 그러나 교회가 크고 부흥해 가는 반면, 그 뿌리가 너무 얕지는 않은지 염려된다. 어떻게 하면 뿌리를 깊이 내릴 수 있을까?

역사상 기독교가 깊은 뿌리를 내린 때는 번영의 때가 아니었다. 시련과 고난의 때에 복음은 뿌리내리기 시작한다. 나무는 물이 많을 때 뿌리를 내리지 않는다. 나이테를 조사해 보면 비가 오지 않았던 해가 오히려 뿌리를 깊이 내린 해라고 한다. 비가 많이 올 때는 뿌리를 내리지 않는다. 물이 있기 때문이다.

여기서 중요한 사실은 나무를 정말 살리는 것, 정말 복되게 하는 것은 생수라는 사실이다. 건수(乾水)가 얕은 곳에 있다면 생수는 깊은 곳에 있다. 건수는 바로 번영의 물이요, 세상의 물이다. 인생의 고난이 찾아오거나 인생의 겨울이 찾아오면 주변에 있는 세상 물을 먹지 않고 뿌리를 내려서 생수를 빨아들이기 시작한다. 우리 인생에도 겨울이 찾아온다. 겨울이 되면 모든 나무는 벌거벗은 채로 활동을 줄이고 2, 3개월 동안 뿌리를 키우기 시작한다. 우리 인생 가운데 아무것도 하지 못할 정도로 고난과 역경이 올 때가 있다. 이때 우리는 겨울나무처럼 조용히 기다리면서 뿌리를 키워야 한다.

리처드 포스터는 『기도』Prayer, 두란노에서 겨울이 왜 중요하고 인생의 어둔 밤이 왜 중요한지 기록했다. 겨울은 나무를 보전하고 또 강화시킨다고 한다. 나무의 힘이 바깥 표면에서 소모되기보다는 수액이 나무의 안쪽 깊은 곳까지 점점 더 깊이 들어가게 해서 겨울에는 나무가 더 강인하고 더 탄력성 있게 확립된다. 겨울은 나무가 생존하고 번창하기 위해 꼭 필요하다. 겨울이 되면 외부로 향하던 에너지를 줄이고 대신 뿌리를 키운다. 하나님이 우리의 인생 가운데 시련을 보내시는 이유는 우리로 하여금 예수님께 뿌리내리게 하기 위해서이다.

사마리아 여인이 예수님을 만나기 전까지 마시던 물은 세상의 물이었다. 그러나 예수님이 여인에게 말씀하셨다.

"내가 주는 물을 마시는 자는 영원히 목마르지 아니하리니"
요 4:14

예수님이 주는 물은 솟구쳐 올라오는 생수라고 하셨다. 생수를 발견한 여인은 물동이를 버렸다. 자기가 먹던 세상의 물인 쾌락을 버리고 예수님의 생수를 마신 것이다. 그 후 사마리아 여인은 변하기 시작했다. 한 번 드린 예배가, 그 한 번의 만남이 여인의 생애를 영원한 삶으로 바꿔놓은 것이다. 그래서 예배는 중요하다. 또한 만남도 중요하다. 물이 바뀌기 때문이다. 우리의 물이 바뀌어야 한다. '노는 물이 다르다'는 말이 있다. 영성이란 노는 물을 바꾸는 것이다. 그리스도인들은 세상의 물이 든 물동이를 버리고 예수 그리스도의 생수로 살아가야 한다.

나무에게 수액은 중요하다. 겨울이 되면 뿌리가 수액을 빨아들인다. 뿌리가 하는 중요한 역할은 저장이다. 일정한 기간 수액을 저장한 다음에 봄이 되면 겨울 동안 흡수했던 수액으로 싹을 틔우고 꽃과 열매를 맺는다. 그리스도인의 삶에서 흡수해야 될 생수와 수액은 무엇일까? 세 가지로 요약할 수 있다. 바로 말씀의 생수, 보혈의 생수, 성령의 생수다. 이것이 참된 양식이요, 참된 식료요, 참된 생수다.

오늘날 교회는 세상의 물로 가득 차 있다. 교회에서 더 이상 보혈 찬송이 불리지 않는다면 가슴 아픈 일이다. 만약 예수님의 피가 찬송을 받지 못하고 우리 가운데 선포되지 않는다면 우리의 영혼은 깨끗해지지 못할 것이고 우리의 죄도 용서받지 못할 것이다.

물이 흐르는 곳에 식물이 자라듯 말씀의 생수, 보혈의 생수, 성령의 생수가 흐르는 곳에서 우리의 영혼이 자란다. 그래서 우리는 예수 그리스도에게 뿌리를 내린 채 우리에게 주신 생수를 공급받아야 된다. 이 생수는 하나님의 생명이다. 이 생수를 경험하게 되면 하나님의 성품을 경험하는 것이다. 우리가 경험하는 충만함은 세상이 주는 것과는 차원이 다르다. 성령의 아름다운 열매와 풍성한 생명이 우리 안에 흐르기 때문이다.

영적 안내자의 도움을 받으라

네 번째, 영성의 뿌리를 깊이 내리기 위해서는 영적 안내자의 도움을 받아야 한다. 가장 좋은 영적 안내자는 예수님과 성령님과 말씀이다. 동시에 사람 안내자가 필요하다.

빌립이 에티오피아 내시를 찾아가서 읽는 것을 깨닫느냐고 물었다.행 8:30 그러자 내시는 지도하는 사람이 없으니 어떻게 깨달을 수 있겠느냐고 대답했다. 우리는 성령님과 예수님과 말씀을 영적 안내자로 삼아야 되지만 주위에 영적 안내자도 있어야 한다.

영적 안내자는 인생 전체를 보면서 길을 안내해 주고 속도를 조절하도록 돕는다. 정말 중요한 존재이다. 만약에 사막으로 여행을 떠나는 사람이 혼자 길을 나선다면 굉장히 위험하다. 영적 순례는 사막의 길을 가는 것과 같다. 우리가 영적 안내자의 도움 없이 순례를 떠난다면 매우 어리석은 짓이다. 그래서 우리는 영적 안내자의 도움을 받고자 하는 겸손함을 가져야 한다.

말씀을 충만히 받으라

다섯 번째, 뿌리 깊은 영성은 말씀을 충만히 받는 영성이다. 원래 우리 인류는 하나님의 형상대로 지음 받았다. 이것을 '포메이션' formation이라고 한다. '폼' form이란 하나님이 우리를 형상화 하셨다는 것이다. 그런데 우리가 죄를 지음으로 '디폼'deform, 즉 추하게 되고 말았다. 뒤틀린 것이다. 그래서 하나님이 우리를 새롭게 '리폼'reform해 주심으로 다시 하나님의 형상을 따라 고치셨는데 여기서 중요한 것은 '인포메이션'information이다.

바로 복음이라는 '인포메이션'을 우리 안에 집어넣은 것이다. 하나님 말씀을 집어넣어서 새로운 변화를 추구하면 '리폼'이 일어난다. 그러나 우리에게 찾아오는 '리포메이션'retormation, 즉 개혁이 계속 유지되기 위해서는 '트랜스포메이션'transtormation, 즉 변화가 이루어져야 한다. 우리가 추구하는 영성훈련을 통해 성화聖化하고 변화되는 '트랜스포메이션' 과정 속에 우리가 새롭게 되는 '레노바레'를 얻는 것이다. 그래서 우리는 말씀을 계속해서 받아야 한다.

믿음 위에 굳게 서라

여섯 번째, 뿌리 깊은 영성은 믿음 위에 굳게 서는 영성이다. 사도 바울이 지켰던 것도 이 믿음이다. 사탄이 욥에게 찾아와서 욥에게서 빼앗고 싶었던 것은 무엇이었을까? 재산이었을까? 자녀들이었을까? 건강이었을까? 아니다. 욥에게 빼앗고 싶었던 것은 바로 믿음이었다. 그러나 욥이 모든 것을 빼앗긴 후에도 끝까지 지킨 것 또한 믿음이었다. 믿음을 지켰기 때문에 욥은 다시 모든 것을 회복할 수 있었다. 믿음의 반응은 순종을 통해서 드러난다. 사도 바울은 믿음을 강화해야 한다는 것을 알았다. 그것은 믿음을 키우는 것이다. 믿음은 들음에서 온다고 했다. 그래서 우리는 믿음을 계속 키우기 위해 믿음 안에서 굳건히 서야 한다.

뿌리 깊은 영성은 흔들리지 않는다. 흔들리지 않는 까닭은 우리의 인격이나 우리의 도덕성이 탁월하기 때문이 아니다. 우리에게 있는 탁월함은 훈련에서 오는 것이 아니라 예수 그리스도를 향한 신뢰를 기반으로 한다. 예수 그리스도를 신뢰함으로 우리가 흔들리지 않는 것이지 우리의 영성훈련이 탁월하거나 우리의 성실함이 탁월해서가 아니다.

다니엘은 성실하기도 했지만 무엇보다 하나님을 항상

의지했기 때문에 하나님의 사랑을 받고 흔들리지 않을 수 있었다. 의인은 오직 믿음으로 산다. 물론 사랑이 가장 귀하다. 그러나 우리 인간에게는 사랑할 능력이 없다. 그래서 우리는 믿음으로 사는 것이다. 그런 까닭에 믿음을 끝까지 지켜야 한다.

감사하라

일곱 번째, 뿌리 깊은 영성은 감사하는 영성이다. 감사가 넘쳐야 한다. 성경을 보면 성령 충만의 열매는 항상 감사였다. 감사가 중요한 이유는 그것이 겸손의 열매이기 때문이다. 교만한 사람은 감사할 수 없다. 감사는 영성의 가장 중요한 열매다. 감사하는 사람들을 보면 하나같이 하나님의 관점을 가지고 있다. 그들은 하나님의 섭리라는 관점으로 사건을 해석하기 때문에 감사할 수 있다.

요셉은 자신의 인생을 하나님의 섭리라는 안목에서 보고, 하나님의 관점과 깨달음을 얻은 사람이다. 그는 자신을 괴롭혔던 형제들과 그를 비참하게 만든 보디발의 아내를 정죄하거나 심판하거나 보복하지 않았다. 요셉은 감사의 극치를 알고 있었다. 그것은 바로 용서다.

기독교는 억울함의 종교가 아니다. 가장 억울한 분은 예수님이신데 예수님은 억울하게 생각하신 적이 한 번도 없다. 모든 것을 하나님의 섭리라는 관점으로 봤기 때문에 예수님은 넘치게 감사하실 수 있었다. 그리스도인들은 하나님의 관점으로 바라보고 범사에 감사해야 한다.

그리스도의 사랑 안에 거하라

마지막으로, 뿌리 깊은 영성은 사랑의 영성이다. 예수 그리스도의 사랑 안에 있는 것이다. 인간의 사랑은 한계가 있다. 인간의 사랑은 대상을 따라서 달라진다. 그래서 한계가 있다. 대상이 마음에 들지 않으면 사랑하지 않는다. 또는 대상에 따라서 사랑이 바뀐다. 선한 사람을 만나면 선해지고 악한 사람을 만나면 악해진다. 그러나 하나님의 사랑인 아가페 사랑은 예수 그리스도의 사랑과 그 뿌리가 같다. 뿌리는 지탱해 주는 것이다. 하나님의 사랑이 우리를 지탱해 주고 공급해 준다. 우리가 필요로 하는 모든 사랑의 능력을 공급해 준다.

사실 우리는 사랑하고 싶지 않은 것이 아니라 사랑할 능력이 없다. 그래서 하나님은 우리에게 사랑할 능력을 공급해 주신다. 중요한 것은 하나님의 사랑은 조건에 따라 사랑하는 것이 아니라 사랑하는 대상을 아름답게 창조해 가면서 사랑하신다는 점이다. 사랑받을 수 없는 존재인 사마리아 여인이나 막달라 마리아 그리고 우리들을 사랑스런 존재로 만들어 가면서 사랑하신다. 사랑의 비결이 여기에 있다. 그리스도인은 하나님의 사랑에 뿌리를 내려야 한다.

미국의 센트럴파크에는 굉장히 큰 나무가 많다. 이 가운데 어떤 나무들은 뿌리가 매우 얕다. 그러나 폭풍우가 몰아쳐도 뽑히지 않는다. 왜냐하면 다른 나무들과 뿌리가 연결되어 있기 때문이다. 이것이 바로 공동체적 영성이다. 우리 개개인의 뿌리는 얕을지 모르지만 우리가 하나 되어 서로 뿌리가 연결되어 있으면 흔들리지 않는다. 예수님께 뿌리를 깊이 내릴 뿐만 아니라 서로 함께 연결되어 뿌리를 내릴 때 한국 교회의 영성이 더 깊어질 수 있다. 또한 이것이 하나님께 영광이 될 것이다. 뿌리 깊은 영성으로 우리에게 찾아오신 예수님의 인격과 성품을 닮는 그리스도인으로 자라가자.